世界のタブー

阿門 禮

Amon Ray

a pilot of wisdom

目次

第一章　日常生活でのタブー

図版レイアウト／MOTHER

第一章　日常生活でのタブー

東西南北にみられる文化

東西南北の方角に対して抱くイメージは、どの立場で見るかによって変わる。私たちの世界観は、まず学校の教材に影響される。北を常に上にし、南は下、日本を中心に、右側に太平洋が広がり、その先にはアメリカ大陸がある。一方、左側には広大なユーラシア大陸があってアフリカ大陸が左端だ。

これがヨーロッパから見ると、東経0度、つまりヨーロッパとアフリカが中心にあって、右に広大なユーラシア大陸が広がり、日本はその端に縦に細長くある群島のようだ。

日本の地図では観念的に遠いイメージを持ってしまっているヨーロッパとアメリカ大陸が、ヨーロッパ中心の地図で見ると大西洋を挟んでいても近い。

植民地時代には、英国をはじめとする西欧列強は、この地図を見ながら勢力争いをしていたのである。英語の場合は、"North, South, East and West"「北南東西」の順でよぶ。

こうして地図を見るだけでも、東西南北の方角の規準、その重要度は異なる。個人レベルでは、生まれ育った地域の山や川、海などの地理的な環境がそれに影響する。

たとえば、古代エジプトの場合は、命脈であるナイルが南から北へ流れていることから、南を向いて世界を見ていた。そしてナイルの東から西へ太陽が移動するので、おのずと、かなり正確に東西南北の四方を意識するようになっていた。そのため、象形文字で東と左、西と右は同じ文字を使って表現していた。同じ北半球の国でありながら、私たちとは反対の方向感覚を持っていたのである。

人類にとって、もっとも古くから重要な方角は、やはり日の出の方角ということになろう。夜明け前、日の出の方角から白みはじめ、日が昇ると暖かさが伝わってくる。毎日、変わらずに起こるこの現象への感謝は、宗教に関係なく、自然の恩恵から感じるものだ。

八百万《やおよろず》の神の居ます日本の場合、元旦には東向きにご来光に手を合わし、北枕で寝ない、西方浄土、不動産の南向き信仰、地理的な方角とは違うが、恩人の方へは足をむけて寝ないなど、そのときどき、さまざまに意識する方角は違う。

一般的な語順でいうなら、日本の場合は「東西南北」だが、中国は麻雀でおなじみのように「東南西北」である。この順番は、発音の心地良さもあろうが、日の出の方角である東、温暖で豊かな耕地の広がる南が好まれたためだと考えられる。中国で方位磁石は「指南針」と書く。

そして古代の中国思想では、北は極北の星、つまり天の頂がある方角、万物を支配する天帝の方角とされ、重視された。高松塚古墳、キトラ古墳などの玄室には、中国文化の影響を受けた青龍《せいりゅう》＝東、白虎＝西、朱雀《すざく》＝南、玄武＝北と、四神が描かれていることで知られているが、玄武だけはカメとヘビの組み合わせ、つまり男女など異種のものの和合を象徴する完全なかたちであり、北がほかの方角よりも高位に置かれていたことがうかがえる。

風水を信じる人にとって、方角は重要な運気の要素なのかもしれないが、その場所の自然環境、時間、季節によって、方角の重要度は変わってくる。安易に方角に優劣をつけることなどできないのだ。

右と左の価値

英語で右はライト right、左はレフト left。ところが、右利き、左利きという単語には馴染《なじ》みがない。右利きは dextrality、左利きは sinistrality という。それぞれラテン語の dexter「右」、sinister「左」から派生したものだ。そしてラテン語の dexter から派生した英語の形容詞は二つあり、ラテン語と綴りが同じものは「右（側）の」「運（縁起）のよい」という意味を持ち、もう一方の dexterous（dextrous）は「器用な」「機敏な」「頭の働きがいい」「利口な」「巧妙な」「抜け目ない」という意味となる。英語の sinister の古語の形容詞 sinistrous は、「不吉な」「不幸な」「災難の」という意味があった。フランス語で「左（の）」を意味する gauche

も、「不器用な」「歪《ゆが》んだ」を意味する。そもそも右のrightも「正しい」である。ちなみに、現代では左利きはleftyと言うほうが通じやすい。

日本語ではどうだろう。右については「座右の銘（戒めや励ましとする格言）」「右腕（もっとも信頼できる部下）」など、やはりいい意味の言葉が多い。そして左は「左前（死装束の着方であるため、不吉とされ、経済状態が悪くなることにまで意味が広がっている）」、その他「左巻き（つむじが左に巻いている人は頭が悪いという俗説があり、頭の働きが鈍い人のこと）」という禁句まである。

古代中国では、天帝の方角は北であり、天子は南に面して座る。太陽が昇る東は左、沈む方角の西は右である。帝にとっては左が重要で、右が下位になる。つまり、帝の左に立つ、すなわち臣下から見て右側の人物が重要ということになる。ゆえに「左遷」とは、地位を落として移されることをいう。現在は、地位、役職を下位の立場にしたり、条件の悪い職場、勤務地へ異動させることを意味する。

奈良・平安時代の日本が大きく影響を受けた隋、唐、宋の時代には左が高位だったので、日本でも左大臣が高位とされた。京都で、御所にむかって右、つまり東側が左京区、左（西）が右京区とされているのもこのためだ。その伝統を受け継ぐ京雛《きょうびな》は、お内裏様の男雛《おびな》はむかって右にあって、江戸雛とは反対である。

さらに加えるならば、中国では、左右の貴賤は時代によって入れ代わる。右を高位としていたのは戦国時代、秦《しん》、漢、元であり、左を高位としていたのは周、六朝《りくちょう》時代、隋《ずい》、唐、宋、明、清だ。そして、左を高位にしていた王朝のほうが安定していた時期が長かったという傾向がある。

ちなみに、右と左で、もっとも混乱をきたすのが、人や車が左側通行か、右側通行かということだろう。

江戸時代、日本では、武士が左側に刀を差していたことから、武士の魂である刀がぶつかり合い、「鞘当《さやあ》て」に発展しないよう、市中、街道では左側通行とおのずと決まっていた。右文《ゆうぶん》左武《さぶ》（文武の両方を兼ね備えること）という熟語があるように、武士の刀は左である。

ヨーロッパでも、中世までは日本と同じ理由で左側通行だった。常に身辺の安全には気を配っていなくてはいけない状況で、武器である刀剣を構えるのは右であり、それを携帯する時は身体の左側だった。

ところが一五世紀頃に銃が武器として使われるようになり、産業革命を経《へ》て小型化し、個人が所有できる武器になった。その銃の携帯は身体の右側である。そして右手の指を引き金に掛け、左手を添える。右に携帯して左側通行では、武器を盗《と》られかねないし、すばやく操作するには右側を歩いて左に対して警戒するほうが効果的だったのである。

道路の通行において右か左の違いは、こうしてすれ違う人に対して、どう警戒するかで決まったようだ。ちなみに、船や航空機の場合、対面ですれ違う時は世界共通で右側通行が原則とされている。

右と左は思想にもある。フランス革命当時、議長席から見て、右側の座席が右翼、左側の座席が左翼とよび合っていた。右翼には、従来通り、国王に権限を残し、貴族の権利を守りたいという議員たちが座り、左側には反対の立場の市民権を拡大させようとした革新的な思想の議員たちが座ったのだ。

このことから体制に対する姿勢を、右翼と左翼という言葉で区別するようになった。

右翼、右派とは、政治においては保守的、伝統主義的で、愛国心が強く、国粋主義的な傾向の思想をもつ人びとを含み、極右では国防、軍事国家へとむかう。一方の左翼は、急進的、革新的で、革命的な思想に傾倒し、自由、平等な社会を求め、個人主義を指すことが多い。主に社会主義的、共産主義的傾向の人や団体をいう。極左では、政治的、経済的、社会的な権力層、支配者階級に対して徹底的に反対し、過激な闘争をおこなう。

このどちらにも偏らないことを中道主義という。

海外では要注意、左手のタブー

一六世紀半ば、イタリアのメディチ家からカトリーヌ・ド・メディシスが嫁いでから整ったとされるフランス料理は、世界の料理のなかでも主流だが、彼女が嫁ぐ前のフランスでは、右手で持ったナイフが食べ物を口に運ぶ主な道具だったという。それ以前はほとんどが手づかみで、今でもその伝統を受け継ぐ地域は少なくない。

七世紀、イスラームがおこった西アジアのアラブ人の食事も、手を使うものだった。今日は、都市部のアラブの人びとはナイフやフォークを使うのは日常になっているが、伝統的な食べ物になると、パンをもちいるなどして口に運ぶ。むしろナイフやフォークでは食べにくいものが多い。では何を使うかというと、右手である。それが彼らの伝統的な食べ方だ。

彼らは、右手の親指、人差し指、中指で、食べ物を一口分になるよう皿の上で器用にまとめ、口に運ぶ。もちろん、右手だけですべてをおこなうことはできないので、左手は補助に使うが主は右手である。

このように右手が重要視されるのは、ヒンドゥー教にも見られるように、右手が清浄で左手が不浄とされているからだといわれることが多い。しかし、もともとイスラームには、神が創造した人間の身体のどこかが不浄であるとの考え方はない。イスラーム教徒（ムスリム）は両手をテーブルに置き、食べ物を口に運ぶのは右手でおこなうが、パンを割いたり、皿を手で持ったりする時などは両手を使う。対してヒンドゥー教のように左手を不浄とし、絶対にタブーとしている地域では、左手は食器やテーブルから離して遊ばせている。この食事の時の左手の置き場で、タブーの温度差がわかるところだ。そうした態度で相手の習慣を判断しよう。

最近のアラブ諸国の都市部ではみられなくなったことだが、用足しをする時、紙で始末をするという習慣はなかった。水や小石、時には砂で拭くことをしてきたし、今でも、地方に行けば紙を置いていないトイレはめずらしくなく、水桶《みずおけ》が置いてあったりする。その時、左手を使うので、不浄というイメージが定着してしまったのかもしれない。

手でお尻を触ったから不浄だというなら、誰か、手でお尻を触らないで一生を終える人があるだろうか。どこかでイスラームの教えは厳格で、人びとはそれに忠実に暮らしているという誤った情報が伝わっている。これもまたつくられたイスラームのイメージであり、多くの人は柔軟である。いまだに、イスラーム教徒になれば自由に複数の妻を持てると思っている人は多い。「左手は使わない」というのも奇異な作法として紹介されることが多いが、実際にはありえない。

挨拶の密着度、できない出会い直し

「おもてなし日本」、年々外国人観光客が増えるなか、あらためて日本の伝統的な作法が見直されている。普段は意識していないが、人と対した時のお辞儀は、角度や間合い、それに回数などによってずいぶんとニュアンスが異なる。外国人観光客がするお辞儀がどこか違うのは、こうした機微がつかめないからだろう。

同じように、私たち日本人は握手が苦手だ。差しだされた手を握らずにだらりと力を抜いたままでいたり、初対面の女性にむかって勢いよく手を差しだしてしまうというタブーをおかす日本人男性はめずらしくない。ハグをし合うことに抵抗感がなくなってきた日本の若者でも、頬と頬を付けてキスの真似《まね》をするチーク・キスとなるとぎこちない。

世界には、このような接触型の挨拶をする人びとと、お辞儀のような非接触型の挨拶をする人びと、そして、とくに決まった挨拶のかたちをもたない人びとがいる。

握手の話に戻ると、日本人は国際化と言いながら、外国人とは握手をしても、日本人同士でする人は少ない。しかしそれは「触れる」ことを嫌うのではなくて、「触れる」必要がなかったからだと考えられる。お辞儀の際の間合い、表情、角度、長さ、背をむけて去って行く相手へなど、お辞儀には、距離を空けていても、言葉がなくても、挨拶、感謝、謝罪の意志が通じ合える「阿吽《あうん》」の呼吸がある。お辞儀と「どうも」の一言で、相手がどのような感情を抱いているかの見当がつき、それだけで済ませられるのは島国ゆえのことだ。

元来、この頭を低くするという行動は動物一般に認められるものだ。動物では服従のしぐさになる。人間社会においては神やそれに近い存在への帰依として、古代から多くの民族が地にひれ伏すというかたちをとってきた。『旧約聖書』にも「ひれ伏す」とか「ひざまずいて主を伏し拝む」といった表現が随所にみられる。イスラームの礼拝も、チベット仏教の五体投地も、できるだけ身体を低くして頭を地につける。この「拝む」という動作が、権力者や目上の者に対する「礼」としてなされると、日本人の正座をしてのお辞儀や、中国人の「叩頭《こうとう》」になる。

こうした挨拶に対して、異文化の人間と出会う機会がある地域ほど、触れてみて、相手の心理を探る必要があった。それなのに、間を空けすぎていたり、ただ触れるだけの圧を感じない握手をすれば、相手は関心がない、付き合うつもりはないということだろうし、圧のかかりすぎる握手は自分のほうが優位に立とうとしていることのあらわれ……と勘ぐられても仕方がないだろう。

いずれにしても心のこもらない握手はタブーである。アメリカで気のない握手をすると「死んだ魚」とよばれて嫌われかねない。

握手は一般的に、親指の付け根まで合わせてしっかり握り、上下に軽く二、三回ふってからすみやかに離すのが良いとされる。しかし握手にもお国柄があるようで、たとえばフランス人はアメリカ人ほど強く握らない。上下に振るということをあまりせず、握手した手をさらに左手で包みこむようにする人びともいる。

なお、日本ではあまり知られていないようだが、握手というのは基本的には男性同士の挨拶だ。欧米のビジネス・シーンでは女性もその仲間に加わるが、女性同士では握手をかわさないのが普通で、男性との握手を好まない女性も少なくない。ゆえに一般的には、男性は女性から手が差しだされたなら握手に応じてもいい。そして女性が握手をしたい時は自分から手を出さなければいけない。

トランプ大統領の握手は評判がよくない。握手を拒んだり、拒まれたりして悪感情が見えることはもちろん、ニュースでしばしば見られる彼の握手は、相手の手を取ると、自分のほうにグッと引き寄せ、軽くポンポンと二～三度叩《たた》いてから上下に手を振るというものだ。この叩いて引き寄せるしぐさで、彼が主導権を握ろうとしていることが露骨にわかるという。握手でも、彼を反面教師とするのがいいのかもしれない。

さて、世界各地の挨拶の身体表現を、密着度の高いものから低いものまで概観してみよう。密着度の高い挨拶ですぐ思い浮かぶのは、ロシアをはじめとした東欧諸国の「ベア・ハグ」だろう。男女にかかわらず、彼らは互いにがっちりと抱き合いながら、チーク・キスを二度、三度と繰り返す。ルーマニアなどでは男性同士が唇を付けることもあるという。

男性同士のキスということでは、アラブ人を含めて、ラテン系諸国、地中海沿岸でよく見られる。右手で握手しながら左手で相手の肩を抱き、チーク・キスをする。なかには鼻や頬に唇でキスをすることもある。ただしイスラームの女性は、決してこのようなことはしない。

イタリア語で「アブラッチョ」、スペイン語で「アブラーソ」とよばれる抱擁は「ありがとう」の気持ちをこめたもので、ベア・ハグのようにきつくはない。男性同士なら軽く腕を回して背中をポンポンと叩くくらいがふつうだ。親しい男女や女性同士なら、これにチーク・キスがともなう。

身体は離したままでチーク・キスをするのはフランスである。フランス人は「チュッ」という音をさせながら、左の頬、右の頬と二度キスをかわす。オランダ人やベルギー人がこの挨拶を日常にする時は、キスは三回かわすが、フランス人ほど頻繁ではないようだ。

私たちが経験することが多い非接触型の挨拶では、胸の前で合掌し、軽く頭を下げて「ナマステ」と言うインドやネパールの挨拶も有名だ。もっとも最近は、インドでも抱擁するし、男性同士の握手も日本よりはふつうに見られる。

タイのよく似た挨拶は「ワイ」と言う。合掌しているようでいて、手と手はぴったりと合わせず、少しふくらみを持たせて蓮《はす》のつぼみをイメージしたかたちにする。女性はこの時ちょっと膝を折ることがある。ここには「ご尊敬申しあげます」の気持ちがこめられている。アジア以外では、たとえばエチオピアなどで、軽く腰をかがめながらのお辞儀がされている。

ここで世界各地の挨拶を紹介する紙幅はないので、最後に一つ加えさせていただくなら、慣れない挨拶に出会ったら、まずは軽く会釈でいいだろう。その時の状況、民族によっては、異文化の人間がみだりに真似をするのはタブーだ。かえって非礼と受け取られてしまうことが多い。

住居と座り方

欧米人がしゃがめないのは有名な話だ。伝統的な住環境や作業習慣もまた、人びとの立ち居ふるまいや姿勢を決定する。欧米人はこれができないので、この姿勢を嫌う。できる日本人でも、伝統的な用足しのスタイルを連想させるので行儀がいい座り方とは思わない。

アジア、中東、アフリカなど、世界各地でしゃがんで用足しをする文化圏では、この姿勢は用足しをイメージさせるものだ。コンビニの前でやるのと同じ感覚で、海外でこの姿勢になるのは避けたほうがいいだろう。

しゃがむ文化圏とほぼ同じく、家の内外の仕事を床や地面に座ったりしゃがんだりしておこなう民族は多い。これもまた、早い時期から何をするにも腰掛ける姿勢をとってきたヨーロッパの人びとは、地面に近いところで安定した姿勢をとるのは苦手なのだ。

同じように、私たち日本人は腰掛けることが苦手な人が多い。欧米文化が流入して久しいが、いまだに腰掛ける技術をマスターできていないのが日本人だ。長距離の列車、飛行機、仕事机や勉強机、ゆったりと腰掛けられるソファーの上でも、ついあぐらをかいてくつろぐ年齢層が存在することを考えれば、納得されると思う。柔らかなソファでリラックスすることさえ、腰掛ける習慣が真に身についていなければむずかしいのだ。

それでは、座り方を例に、世界の人びとの常識をみてみよう。まず世界共通ともいえるのが、いわゆる体育座り、両膝を立てて、膝頭を抱えるようにして座る姿勢である。人がもっとも自然にとる姿勢の一つだろう。これに礼儀の作法が加わって日本人の正座が生まれた。

正座はかなり特殊な座り方である。イスラームの礼拝は正座をし、頭を地に着けておこなわれるので、私たちには神に対しての礼儀として違和感がない。しかしそんな彼らでも、食事などを含めて日常この姿勢はとらない。右足を立てる立て膝で座る。これは古代からの伝統のようで、古代エジプトの壁画にも立て膝の姿勢で描かれている人は多い。

　私たちも畳があっての正座であることはいうまでもなく、武道などの特別な時以外、板の間なら体罰になりかねない。韓国などでは、正座は罪人に強いることなので、タブーの座り方にもなりうる。韓国旅行では、日本語のツアーガイドが行儀よく正座をする日本人に注意をすることもあるという。

　伝統的には、朝鮮半島でも正座でお辞儀をするのがもっとも丁寧な挨拶とされている。葬儀や結婚式などでは今でもみられるが、日常生活で正座をする人はほとんどない。座る時は、やはり片膝を立てた座り方が一般的である。近年、ダイニングテーブルが日常生活に普及し、正座ができない人が増えているのは、日本も韓国も同じである。

　日本では男性だけがするあぐらの姿勢は、ほぼ世界中で見られる。インドのマハトマ・ガンディーのあぐら姿は修行僧をほうふつとさせるものだったが、南アジアではあぐらはもっともふつうの座り方で、男女を問わずなされる。タイをはじめとする東南アジアの一部では、伝統的に横座りが正式とされる。アメリカなどでは教室の絨毯《じゅうたん》の上に集まって読み聞かせなどをおこなう時は子どもたちは男女問わずあぐらをかくように言われる。

折った脚を重ねずに、左右に出して尻を地面に着けた、通称「女の子座り」は、中南米の先住民女性にみられる。グアテマラの先住民の女性にとっては、この時に尻の下に敷く円形のクッションが必需品だ。東アフリカの一部の男性は、脚を前に投げだし腰をピンと伸ばして座る。背もたれもなしに脚と背中をほぼ直角にした姿勢は、慣れないと相当にむずかしいが、彼らはこの格好のまま何かしら手作業をおこなうのである。

座るというのとは少し違うが、ギリシャの牧人は斜めに立てた杖《つえ》に器用に寄りかかるようにして休むことができる。また東アフリカの一部やオーストラリアの先住民には、片方の脚をもう一方の脚の膝のあたりにあてて、フラミンゴのように一本脚のまま一休みする習慣があったことが知られている。座る、休むといった人間の基本的な姿勢さえ、文化によってはずいぶん異なることがよくわかる例といえる。

さて、欧米人の座り方は今さらここで紹介するまでもないが、場合によっては文化摩擦を引き起こしかねないタブーを紹介しよう。

アメリカ人男性はよく、片方の足首をもう一方の脚にのせ、「4」の字形に脚を組む。私たちの目にはひどく不作法にうつるし、電車ではマナー違反として注意喚起されている。ヨーロッパでもマナー違反ととられることが多いが、アメリカ人男性はこれをとくに行儀が悪いとは思っていない。ところがこれをイスラーム圏でやると、深刻な問題となるかもしれない。そこでは足の裏を見せることは無礼とされているからだ。イスラーム圏ではたとえ足の裏が相手に見えなくても、ふつうに脚を組むことも避けるべきなのだ。腰掛ける時はとにかく、両足を地にしっかり着けておけば、まず間違いない。

靴を脱ぐ「お上がり下さい」、脱がない"Please, come in!"

日本では大きなニュースにならなかったが、靴の騒動に巻きこまれたのが、最高レベルのサッカー選手として世界的に有名なリオネル・メッシ選手である。アルゼンチン代表で、スペインのバルセロナのチームに所属している。

その彼が、二〇一六年三月二六日、サウジアラビアのテレビで、エジプト人女性が司会を務める『私は有名人』という人気番組に出演し、チャリティに提供するとして自分のスパイクを差しだした。日本のテレビ番組だったら大喜びで受け取り、局の玄関にでも展示するのではないだろうか。メッシも当然、喜んでくれるだろうと思ったはずだが、アラブ人の反応は違った。アラブ人にとって靴を贈るというのは失礼な行為なのだ。この番組はエジプトでとても人気があったので、エジプトでは「メッシが侮辱した」と大騒ぎになってしまったのだ。エジプトでもサッカーの試合をめぐっては暴動が起こるほど熱い人気のあるスポーツだが、どんなに有名な選手のものであれ「靴による侮辱」はそれを上回るほどのことなのだ。

二〇〇八年一二月一四日、イラクを訪問した当時のアメリカ大統領のブッシュが、バグダッドでの記者会見で、イラク人記者のムンタゼル・アル＝ザイディから靴を投げつけられる事件が起きた。これもただ怒りにまかせて、靴を投げたのではない。靴をブッシュの身体にぶつけるという最大の侮辱行為を計画的に遂行しようとしたのである。

こうしたことから明らかなように、アラブ人の友人の子どもへのプレゼントに、良質な日本製の靴でもいかが、というのは決してやってはいけないタブーなのである。

人前で靴を脱ぐというのは、日常にありそうなことだ。下駄《げた》、草履の文化で、建物に入ると靴を脱ぐ習慣が一般的な日本人のなかには、つい、海外でも気楽に靴を脱いでしまう人が少なくない。海外のゴルフクラブでは、紳士のスポーツだけあって、ラウンドを終えてもクラブハウスで靴を脱ぐのはタブーである。観光地のカフェでも、靴を脱いでくつろぐのはタブーである。靴を脱ぐこと、脱いだ後の足の作法など、実は海外では注意しなければいけないタブーがあるのだ。

高温多湿な季節がある日本のような環境では、履き物を履いていれば足は蒸れる。一昔前までは、道路は舗装されていなかったので、雨でも降れば足元は泥だらけになる。リラックスをする家で靴を脱ぐのは合理的で衛生的な解決策でもある。

外から履物のまま上がれば家の中は汚れてしまうのは当然で、「(心に)土足で入り込む」「(好意を)土足で踏みにじる」の言葉があるように、土足が最大のタブーとなっている。

日本と同じような気候、風土の朝鮮半島、中国南部、インドシナ半島などの国では同じように靴を脱ぐ習慣が見られる。中央アジアの国々やトルコ、イラン、アラブの国でも靴を家の中に持ちこみたくないのは同じで、家のドアを入ったところで靴を脱ぎ、家の中に敷かれた絨毯の上は靴下履きで歩く。これはモスクに入るのと同じ作法だ。脱いだ靴をモスクに持って入るときは、靴裏を合わせる。

海外からの観光客が日本の靴脱ぎの習慣で驚くのが、衣料品店の試着室だという。知らなくて面食らうものの、この試着室の靴脱ぎのシステムは自国に持って帰りたいと思う人が多いようだ。

実際、欧米のすべての国、地域で靴を脱がないで家に入るかというと必ずしもそうではない。ドイツなどでは人に足の裏を見せるのはタブーなので、客がいる時は靴を履いたままが一般的なようだ。しかし、北欧の国々やカナダの一部、アラスカ地域などでは、家では靴を脱ぐところも多いし、その他でも、個人的に室内を汚したくないなどの理由から靴を脱ぐ習慣の家もある。欧米だからといって、靴を履いたままと、ひとくくりにはできない。プライベートでは靴を脱いで部屋履きに履き替えてリラックスをするところも多いが、ただこれらの国々でも、靴を仕舞うところは決まっていても、履き物を脱ぐ場所が明確に定まっていない。

興味深いことに、日本では、履き物を脱いで家に上がるとき、履き物をそろえてつま先を玄関のほうにむけて置くが、韓国でこうすると「長居はしたくない」の意思表示と受け取られて、相手は不愉快な思いをするという。日本では礼儀でも、韓国では嫌みに受け取られることもあるのだ。

そうして靴を脱ぐ家は、玄関があって、「玄関先で」という言い回しがあるように、訪ねた家で履き物を脱がないで帰る失礼、履き物を脱がさせず、家に上げない失礼がある。

かつては玄関の土間の部分と床上の部分が上《あ》がり框《がまち》によってはっきりと外と内に分かれていた。お客を自宅へ招き入れる時「お上がり下さい」と声をかけるのは、下から上へと、明らかに境界を越えた移動があり、一段上の特別な空間へと移る儀式を促すものだった。それにあたって、外の世界で汚れた不潔な靴を脱ぐという思いがあるのかもしれない。

日本人が外と内との境界で靴を脱ぐのに対して、欧米は玄関に土間と床上の区別がなく、玄関の扉そのものが外と内の境界線になっており、"Come in"（お入り下さい）という出迎えの挨拶をすることからも、移動は水平線上でおこなわれ、一段上がるという感覚はない。

海外に行ったり、外国の人の自宅に招待されたら、まずはその家の習慣を確認してみるのもトラブルを避ける一つの手段かもしれない。

「いれずみ」はタブー、「タトゥー」はファッション?

二〇一二年二月、大阪市の児童福祉施設の職員が、児童にいれずみを見せて脅したという事件が報道された。それをきっかけに、当時の橋下徹《はしもととおる》大阪市長が大阪市の全職員のいれずみ調査をおこない、約三万三五〇〇人のうち一一三人がいれずみをしていたことが判明した。そして該当した者は市民と接しない部署に配置転換を命じられた。この「調査」「配置転換」について裁判で争われていたが、二〇一四年、大阪地裁は個人情報保護条例違反と判断しつつ「必要で正当性もあった」とし、職員のいれずみが市民感情に悪影響があることは認めるとした。その後二〇一六年、最高裁で上告が棄却され、「調査」は適法、「配置転換」は取り消しの二審判決が確定した。

若者の間では「タトゥー」とよばれてファッションの一つとして市民権を得ているようだが、実社会では「いれずみ」とよばれて、公衆浴場、プールなど、肌を見せる場ではタブーとされている。

日本語では「いれずみ」「刺青《しせい》」「文身《ぶんしん》」「黥《げい》」とあらわす。日本での起源は縄文時代にまでさかのぼるといわれる。当時は、部族の所属、病魔や災害からの守護、通過儀礼、個人の戦績や狩猟での実績の記録などの目的でおこなわれていたのかもしれない。邪馬台国《やまたいこく》論争の資料として知られる『魏志倭人伝《ぎしわじんでん》』には、男性の身体にいれずみをする文身と顔への黥面《げいめん》の風習があったことが記されている。

古墳時代の終わり頃から、大陸との人の交流がさかんになると、いれずみの風習は徐々に廃れたようだ。この頃の中国では墨刑が廃止され、いれずみの風習がなくなったのだろう。『古事記』の中には神武《じんむ》天皇東征の折に后《きさき》にと見そめられたヒメタタライスケヨリヒメが、使いの者の「黥利目《さけるとめ》」を見てあやしむくだりがある。「黥ける利目」とはいれずみをした鋭い目と解釈されており、大和《やまと》でも、『古事記』が成立した八世紀初頭から幾世代かさかのぼった神話の時代、すでに顔や身体へのいれずみはめずらしかったことが推定される。また『日本書紀』のいくつかの記述から、五世紀頃から、黥面は罰として施されたり、ある種の職能集団でおこなわれていたらしいことがわかっている。

次にいれずみの記録があらわれるのは、江戸時代である。『色道大鏡』（延宝六年、一六七八）は、大坂の遊女が七郎右衛門と七兵衛という二人のなじみ客のために「七さま命」と彫って二人を喜ばせたことが記されている。また八代将軍吉宗治世下の一七二〇年（享保五年）、大化の改新以来途絶えていた墨刑が正刑として発令された（『いれずみ（文身）の人類学』）。以来、顔や腕などへのいれずみが刑罰として定着する一方で、いわばファッションとしての彫り物も、図柄や技術が発展した。一九世紀には博徒はもちろん、火消しや鳶《とび》、飛脚なども競って肩、腕、背中など広い範囲に大胆かつ繊細な彫り物をするようになる。幕府はたびたび禁令を出したものの、あまり効果がなかったようだ。遠山の金さんのモデルとされる遠山金四郎景元《かげもと》が実際に彫り物をしていたという確証はないが、武士階級にありながら彫り物を施す者も少数ながらいた。

「身体髪膚これを父母に受く。敢えて毀損せざるは孝の始めなり」の儒教精神からすれば、皮下に染料を入れる身体加工は間違いなくタブーのはずだ。江戸時代、罪状に合わせて上腕に腕輪のような単色の線のいれずみをした。入れる場所は地域によって異なり、額に、段階的に「一」「ナ」「大」「犬」と入れ、五度目は死罪にするところもあったという。このように、いれずみは前科者のイメージと結びついていたにもかかわらず、江戸時代後期に彫り物が一種のアートといってよい域まで発展したのは興味深い。だがその人気も江戸時代末期には下り坂だったようで、開国後まもなく、西洋人の目には野蛮と映るこの風習は太政官令によって禁止され、一般社会でもタブーとなっていく。

もっとも、錦絵の影響を受けた華麗な図柄や精緻《せいち》な技術による日本のいれずみの噂《うわさ》は、開国前から船乗りなどを通じて西洋諸国にも伝わっていたらしい。ロシア帝国最後の皇帝ニコライ二世は皇太子時代の一八九一年（明治二四年）に日本を訪れたおりに、巡査に切りつけられるという災難を被ったが（大津事件）、彼も、彼を助けたギリシャ王子ゲオルギオスも、腕に龍の彫り物があったという。日本の文化に並々ならぬ興味をもっていたニコライ二世は事件の少し前、長崎で彫り師を招いて彫らせていたというのだ。

また、その一〇年ほど前、後の英国王ジョージ五世はまだ一〇代の時に兄とともに軍艦で諸国を訪問し、長崎に立ち寄ったさいに二人とも「彫千代」と称される名人の手でやはり龍の彫り物を施させたことがわかっている（『ヴィクトリア女王』）。

古来の呪術や通過儀礼に深く関わる習俗としての日本のいれずみは、アイヌや南西諸島の人びとを最後に現代ではほぼ絶滅した。一方、近世日本に花開いた彫り物文化は前述の通り近代

伝統的なタトゥーを施した男女の切手
フランス領ポリネシア（2010）

以降はタブーとなり、もっぱら「その筋の人」を対象に生き延びてきた。

ヨーロッパにもいれずみの負の歴史はある。彼らの記憶に克明にきざまれているのが、ナチス親衛隊員が、戦闘中に負傷した際、優先的に輸血を受けられるよう左の腋下《えきか》に血液型のいれずみをしていたことや、アウシュビッツなどの強制収容所で、ユダヤ人が腕に収容者番号をいれずみされていたことだろう。かつての欧米では囚人の管理用にもちいられたほか、近年でもユーゴ内戦時の各収容所においていれずみによる識別がおこなわれていたことが知られている。

英語で tattoo、フランス語で tatouage、ドイツ語の tätowierung など、西洋の主要な言語のタトゥーを意味するものは、タヒチ（ポリネシア）語の

tatau を語源とし、それは施術する時に道具でトントンと打つようにする感じがそのまま呼び名にされたのではないかという。大航海時代、南太平洋にやってきた西洋の船乗りが、原住民と交流を深めるなかで、当時のポリネシアで記念に入れるなどして西欧に広まったとされている。

ポリネシアでのタトゥーは、神から授けられた神聖なもので、それを施すことで超自然的な力が宿り、病魔や災いから守護されたり、多産、心の平静を保つことができると考えられた。タトゥーは施すと身体に永遠に残る。これは、死後、ハワイキ（神の国）に往った時、タトゥーによって、その人の出自（部族）、地位、勇敢さがわかると信じられていたようだ。

ところが、一八世紀末、ポリネシアに布教に訪れたキリスト教宣教師は、タトゥーを撤廃すべき悪習として禁止に乗りだした。衣服を身につけ、肌を露出しなくなって、タトゥーの存在価値そのものがなくなり、タトゥーのモチーフも技術までもがほとんど失われてしまった。

タトゥーが復活したのは、ポリネシア諸国で独立を果たす国があったり、自治権が認められ、落ち着きが見えはじめた一九八〇年代に入ってからで、意外と新しい。ポリネシア人としてのアイデンティティを取り戻そうとする動きのなかで、誇るべき伝統文化として見直され、文化人類学的な見地からも、そのモチーフや技術が調査、研究されるようになった。

そうした活動があって、今日では、南太平洋の観光人気の高まりとともに、世界中の人びとが、神秘的なタトゥーを入れるためにポリネシアを訪れるようになった。そして今やポリネシアのタトゥー技術はパリ、ロンドン、ニューヨークなどにも進出し、さまざまなモチーフが楽しまれるようになった。南太平洋を舞台にしたディズニーのアニメ映画『モアナと伝説の海』(二〇一六年)では、半神マウイが全身にタトゥーを施した姿で登場している。こうしてタトゥーを伝統文化、芸術として認識している人びとにとっては、日本で蔑まれているようなことは納得できないことなのだ。

アメリカにおけるファッションとしてのタトゥーは、一九六〇、七〇年代のベトナム戦争のアメリカ軍帰還兵や、戦争に反対していたヒッピーがはじめたとされる。ドラッグ、男性の長髪、フリーセックスなど、ヒッピーは伝統的な価値観を否定するためにさまざまなタブーを破ってみせたが、タトゥーもまたその一つだったのだろう。

タトゥーにヤクザを連想させるような特定のマイナス・イメージがないアメリカでは、ヒッピーの風変わりな習慣はいつしかファッションとして定着した。女優のアンジェリーナ・ジョリーは身体のあちらこちらにタトゥーを入れていることで有名だが、スポーツ選手や芸能人だけでなくふつうの人びとにもタトゥーは広まっている。またタトゥー・アーティストと愛好家が一堂に会する国際的なタトゥー・コンベンションも世界各地で開催されている。

それでいてアメリカのロマンティック・コメディ映画『恋愛だけじゃダメかしら?』では、ジェニファー・ロペスが演じる夫婦が養子の受け入れを決心した際、養子縁組の社会福祉士の訪問を前に肩のタトゥーを隠そうとしていたように、いわゆる「良家」ではタトゥーはタブーという常識が意識されていることがわかる。

生涯、消えることがないいれずみゆえに価値があるのだろうが、社会的なリスクを考慮するなら最近のタトゥー・シールは画期的だろう。多彩でおもしろい。パソコンでオリジナル・タトゥーもつくれたりする。エジプト、スーダンなどでは、古代からファッションとして植物染料のヘナを使って手足に唐草模様などを描いて愉《たの》しんでいた。半月ほどは落ちないので、ネイル・ショップに行くような感覚で、人気の絵師には行列ができていたりする。

表情のタブー

国際化が進んでも、なかなか変わらないのが日本人の無表情さだろうか。実際、口先だけを動かし、顔のほかの部位はほとんど動かさないで話す人は少なくない。英語をはじめ、外国語の多くが口を大きく活発に動かさなければ、多様な母音の発音ができないという事情もあるが、そんな事情まで外国人は考えてくれてはいない。

笑顔にしても日本人は微笑《ほほえ》みが多く、しばしば、このあいまいな笑顔は欧米人の誤解を招きやすいといわれる。もっともよく言われることが、日本人は笑いながら否定をすることだ。断りながら、悪くもないのに「ごめんなさい」と言い加え、相手が気分を害さないように笑顔で対応する習慣である。何かを依頼した際、笑顔で対応されれば、外国人にとってそれは了解されたことを意味するが、笑顔で断る日本人は不気味で、場合によっては腹立たしく思えるという。海外でこうした態度をとると、勧誘などしつこく食い下がられたりして、被害に遭いやすくなる。

怒りや悲しみをあらわすべき時も微笑んでいるような表情をする日本人も多い。グッと堪え忍んでいるという複雑な感情がそこにあるとわかるのは日本人同士だからで、外国人には理解できない。きっと日本国内なら、「どうかしましたか?」などと声をかけてくれそうな雰囲気を醸していることになるのだろうが、海外でそれは期待できない。

もう一つは、照れ笑いというのも欧米人には理解されにくい。何か失敗した時ににやりと笑ったりするのは愛嬌《あいきょう》のあるしぐさとみなされるが、これも欧米人にとっては不真面目、不誠実と映るのだという。香港映画などで、やたらとニコニコと愛想を振りまく役柄の設定があって、彼らの様子から、一目でうさんくさそうな印象を持ってしまうものだが、あれほど大げさではなくても欧米人にとっては同じように見えているようだ。日本ではふつうに社交的な「にこにこ」が、欧米人には過剰と受け止められているのだ。

そうして見ると、韓国、中国、フィリピン、シンガポール、インドネシアなどのアジアでは、あいまい、ごまかしの笑いはどこか共通する精神文化があるのだろう。もう一つは、映画『テルマエ・ロマエ』で「平たい顔族」とよばれた私たち日本人、アジア人の顔立ちも影響しているのかもしれない。

私たち「平たい顔族」には難しい欧米人の表情がある。片方の眉を上げてみせる表情である。「どうだ」という自慢たっぷりの表情、うさんくさそうな疑いの表情とでもいおうか。『顔と表情の人間学』の著者、香原志勢《こうはらゆきなり》氏によると、欧米人やアラブ人、アーリア系インド人などコーカソイドに属する人びとならふつうにできるこの片眉上げは、日本人のわずか一〇パーセントしかできないという（『顔の本』）。

ちなみに、コーカソイドではないが、アイヌの人たちはこのような左右非対称な顔の動きが自然にできて、片目つぶり、つまりウィンクも上手だそうだ。

「縄文人の核ゲノムから歴史を読み解く」（神澤秀明）によれば、縄文人のＤＮＡの影響が強い順に、アイヌ、琉球《りゅうきゅう》、本土人とされており、この説が正しければ、縄文人の流れにあるアイヌの人びとが左右非対称の表情が得意なことも裏づけられたことになる。縄文人のＤＮＡを持たない、あるいは縄文人のＤＮＡの影響が弱い、渡来系の弥生人寄りの人びとは、このウィンクや片眉上げは苦手だという。片眉上げやウィンクをした時、唇まで釣られて動いてしまう人は縄文人のＤＮＡの影響が少ないということだろうか。

見つめるタブー、邪視 "evil eye"

日本人同士、人の目、とくに目上の人の目をじっと見つめながら話をすることは失礼に思えて、目線を下にして話す人が多い。欧米やアラブ社会では、コミュニケーションの際に、相手の顔、とくに目を見つめることが大切である。概して、日本人のように感情を顔に出すことが少ない社会では、相手をじっと見つめながら話すことをしないようだ。

視線をそらせて話をするのは、卑屈で、隠し事をしていると誤解されがちで、欧米では学校に入るようになると目を見て話すように、先生から注意をされる。米国映画などで、出演者の会話のようすを見ていると、それはよくわかる。悪役の多くが、肝心な時の会話で目線を合わさない。

誰かにじっと見つめられたら、たとえそれが好意によるものでも落ち着かない気分になるだろう。ナンパをしたがっているとか、イチャモンをつけたがっているとか思われたくなかったら、知らない相手に意味もなく視線を止めない方がいい。じろじろ眺め回すのはもってのほかだ。これはコミュニケーションとしてアイ・コンタクトが非常に重視される欧米やアラブ諸国でもいえることで、タブーというよりマナーの問題である。だが見つめることが本当にタブーとなる場合もある。他人の視線によって災いがおこると信じる人びとがいるからだ。

ひと昔前の日本なら、事故なり病気なり、何か理不尽な災いが身にふりかかった時は、さしずめ「ご先祖様のたたり」とか「親不孝の報い」などと言われたところだろう。それと似た感覚で、災いは誰かの邪悪な視線によるものだという考え方がある。他愛ない迷信といってしまえばそれまでだが、この邪視が信じられている地域は、トルコやギリシャなど東地中海地域や西アジアを中心に、南ヨーロッパ、北アフリカ、そして南アジアまでとかなり広い。またそれ以外の地域でも、似たような発想はめずらしくなかったようで、南方熊楠《みなかたくまぐす》は日本だけでなく世界各地の例をあげている（『熊楠漫筆』）。

古代の人びとは、視線を、目から発せられる光線のようなものと考えていたらしい。とくに嫉妬心を抱いた人間の邪悪な視線が恐ろしい災いを引き起こすとされてきた。

また、他人の幸福をねたむ者が意図的に邪視の魔力を発するだけでなく、当人も気づかぬままその視線で他人に害を与えることもあるとも信じられた。たとえば、月経や妊娠期間中の女性が一時的に邪視をもつということは広く信じられていた。ほかにも、斜視などはアイルランドやイングランドで避けられていたし、ギリシャやルーマニアなどではいったん乳離れした子どもにふたたび乳を与えると邪視をもつようになるといわれてきた。

古代、あからさまに邪視の魔力をもつとされたのは、たとえば病気でただれた目や斜視、隻眼などである。古代ローマの博物学者で政治家のプリニウスは、「怒りの目つきで見つめていることで人びとを殺す」者は「ひとつの眼に二つの瞳をもっている」と記している（『プリニウスの博物誌』第七巻）。

瞳の色がめずらしいのも、邪視と結びつけて嫌われた。つまり地中海地方では明るい青や緑の瞳の持ち主が避けられ、逆にヨーロッパ北部では黒い瞳の持ち主が嫌われた。なお、邪視とは直接には関係ないが、シェークスピアは『オセロ』のなかで嫉妬のことを「緑の目の怪物 green-ey'd monster」とたとえて表現している。

ヨーロッパでは邪視の俗信は魔女伝説とも結びついた。また詩人や死刑執行人など特定の職業が邪視と結びつけられることもあった。たとえばイタリアでは、聖職者が邪視をもつとも考えられていて、修道士や修道女に出会うと縁起が悪いとされた。イタリアでは邪視の魔力をもつ者をイェッタトーレとよんでおそれてきたが、その一人に一九世紀後半にローマ教皇の座にあったピウス九世、続くレオ一三世がいる。イタリア人が邪視の持ち主だと信じる有名人にはほかに、英国の詩人バイロンやドイツ皇帝ヴィルヘルム二世、そしてフランスのナポレオン三世（*Amulets and Superstitions*）、そしてスペイン王アルフォンソ一三世などがあげられる。

さて、邪視が引き起こす災いは、死、病気、事故から、ミルクや肉が腐るといった日常的なことまでさまざまである。なかでも赤ん坊や小さい子どもはとくに邪視の魔力に弱いとされるので、邪視の俗信の残る地方では赤ちゃんをじっと見つめたりすることはタブーといってよい。

ところで、邪視とタブーの関係でいえば、見つめることよりももっと大きなタブーがある。それは相手の容姿なり持ち物なりを口に出してほめることである。とくにイスラーム圏には、ほめられるということはすなわちねたみの対象となる、という発想から、「良い家ですね」とか「かわいいお子さんですね」などとほめられるのを非常に嫌う人びとがいる。

幸運を言いふらしたり子どもを着飾らせたり持ち物を見せびらかしたりすれば邪視を招くことになるのだから、彼らにとってそういう言動はタブーなのだ。邪視という俗信にまつわるタブー、それは見つめること、ほめること、そして自慢することである。ほめること、自慢することのタブーについては次項に詳しく記す。

さて、邪視にさらされないために、各地でさまざまな護符が伝えられてきた。もっとも有名なのはトルコのナザールボンジュだろう。これは目玉を模したガラス玉のお守りで、一個だけ壁やドア、ベビーベッドにつるしたり、つないでブレスレットなどのアクセサリーにしたりと形状はさまざまだが、青いガラスの中央に、黒い小さな円を配し白い円で囲んだデザインが基本形だ。

「見る」ことに関しては、ギリシャ神話の有名な悪役に、見たものを石に変えてしまうメドゥーサという怪物がいる。もとは美しいおとめだったのが、女神アテナと美しさを競ったため、美しい巻毛をひしめく毒ヘビに変えられるなど容姿もろとも怪物におとしめられてしまったというのが、一般に知られているストーリーだ。

怪物メドゥーサの顔はあまりにも恐ろしかったので、誰でもひと目見た者は石になってしまったが、ゼウスの息子ペルセウスはアテナの助けを借りてメドゥーサの姿を見ないように気をつけながらその首を切り落とす。メドゥーサの首は命を失っても、見る者を石に変える力はそのままだった。アテナはその首をペルセウスから得て、自分の楯の中央につけたという。

メドゥーサは、彼女に見られた者が石になるのではなく、その顔を見た者が石になるのだか

メドゥーサの首

６世紀、ユスティニアヌス帝は、首都コンスタンティノポリス（現在のイスタンブール）に、飲料水確保のために地下貯水槽（現在では通称、地下宮殿）を建設した。奥の柱の土台にメドゥーサの首が２つあり、ひとつは横向き、もうひとつは逆さまにされている。過去の遺跡の石材を流用しただけとも言われるが、一説には、キリスト教を信奉していたユスティニアヌスだが、伝説のメドゥーサを地下水槽に封じ込め、地上に現れないようにとの思いが反映されていると伝えられている。

ら、邪視とは関係がないようだが、実際にはナザールボンジュのような目玉のお守りが俗に「メドゥーサの目」とよばれることもある。またメドゥーサの首（別名ゴルゴンの首）はギリシャ時代からビザンツ時代まで、魔よけとして石に彫られたり描かれたりしていた。ポンペイで発見されたアレクサンドロス大王のモザイク画では、アレクサンドロスの鎧《よろい》に正面を向いたメドゥーサの顔が描かれているのがわかる。このように、護符としてのメドゥーサの首の絵は相手を射すくめるように正面をむいていることから、おそらくメドゥーサの魔力の伝説と邪視の俗信とが古くから結びついていたのだろうと考えられる。

トルコを中心にしたナザールボンジュのほかにも、東地中海沿岸には目のかたちのお守りは数多い。エジプトのシンボルともいえるウジャト(ホルスの目)は古代より人身保護の護符とされており、もっぱら邪視よけというわけではなかったが、これも含めて単純な目のかたちをした邪視よけのお守りがエジプトでは各種、売られている。

青い手のひらに目を描いた「ハムサ」または「ファティマの目」とよばれるお守りは、中東のイスラーム教徒たちに広く使われている。同じシンボルをユダヤ人は「ミリアムの手」とよぶ。イスラーム教の人びとは相手の何かをほめる時に、邪視の意図はないという意味をこめて「マーシャアッラー」と決まり文句のように付け加えるが、「アッラーが望まれること」という意味のこの言葉を車に書いたり、文字をそのままデザインしたお守りもある。

後述するが、イタリアでは、握った拳の人差し指と中指の間から親指の先を突き出すしぐさ「イチジクの手」(日本でいう「女握り」)が、邪視よけのしぐさとされてきた。このかたちはヨーロッパでも日本同様、女性器や性交をあらわす卑猥《ひわい》なしぐさなのだが、同時に魔よけの効果があると古代から信じられてきたのだ。地中海中央部のシチリアやサルディニアのほか、ポルトガルやかつてポルトガルの植民地だったブラジルでは、このかたちをしたお守りが見られる。

しぐさではもう一つ、人差し指と小指を立ててそれ以外の指を握る「角の手」が、邪視よけのしぐさとして知られる。

インドではカジョルとよばれる墨を子どもの目の下につけて厄よけにする。またグジャラート州などのミラーワークもよく知られている。これは小さな円形の鏡を布にカラフルな刺繍《ししゅう》で止めつける手芸で、衣装や壁掛けなどにもちいられる。昔は雲母片を使ったといい、起源からして邪視の俗信と関係があったのかどうかは不明だが、一般には鏡が邪視をはねつけるとされている。

ほかにもニンニクやトウガラシ、ある種の植物の種やオオカミの牙、カニのはさみなど数限りないお守りが、各地で邪視よけにもちいられてきた。また織物の特定のパターンを厄よけとしたり、お香を焚《た》く、『クルアーン』(『コーラン』)の一節を暗誦《あんしょう》するなど、邪視を恐れる人びとはさまざまなまじないで邪視から身を守るのである。

邪視よけのお守りではなくとも、たとえば英語圏では、幸運を祈る言葉に「足を折れ"Break a leg!"」などと言うことがあるように、逆説的なまじないもある。地域によっては、言葉はちがうが、邪視よけのまじないを言い添える習慣もある。

また唾吐きが邪視の魔力を封じると信じられている社会も少なくない。他人の子どもをほめたあとは唾を吐きかけるということもその一つだが、日本でそんなことをしようものなら関係断絶のタブーだ。斜視の人に会ったら地に唾をはくというまじないをする人びともいる。

この種のまじないのなかでもとくに広く知られているのが、「木を触る」まじないだろう。これは自分の運の良さをうっかり自慢げに口にしてしまった時や、嘘《うそ》をつく時に許されるように、テーブルなどの手近な木製品に触れるというものだ。テーブルや椅子の背もたれなどを軽くノックするとか、木がなければ自分の頭に触るなど、今なおさまざまな方法でよく見かけるまじないである。アメリカでは実際に木製の家具などに触るかわりに「ノック・オン・ウッド」と口に出すこともある。

このまじないは、キリスト教が広まる前にヨーロッパの広い地域に分布していたケルト系の諸民族の信仰に由来するらしい。カエサルが記した『ガリア戦記』によれば、ガリア（ケルトが居住した地域の総称）のケルト人社会はドルイドとよばれる祭司と、騎士、平民の三階級に分かれていたという。ドルイドはオークの森を聖なる場所としていた。とくにオークが一本天にむかって伸びている森の奥の開けた場所は、彼らにとって天と地の交わる神聖な地であった。

ケルト人はオークとともに、それに寄生するヤドリギも特殊な力をもつものとして神聖視していた。このような観念は、ケルト人と同じ頃に古代ヨーロッパのアルプス以北に分布していたゲルマンの諸民族にもあったという。キリスト教文化を受け入れつつ、ケルトやゲルマンの精神文化の伝統を受け継いでいることは少なくない。「木を触る」まじないは、地中海起源の邪視信仰とケルトやゲルマンの樹木信仰が融合したものが、後から広まったキリスト教の行事に巧みに採り入れられて今に伝えられてきたのだった。

ヤドリギの神聖視も、いくつかの習俗として生き残ってきた。とくにクリスマスに、若者はヤドリギの飾りの下にいる娘にキスをしてもよいという習わしは有名だ。

自慢とほめ言葉の放言はタブー

日本人にとっては、自分や家族や所有物を自慢するのはタブーとまではいわないまでも慎みのないことで、謙遜こそ美徳だというのが伝統的な価値観といってよい。近年はさすがに「愚妻」「豚児」などという言葉はあまり耳にしなくなったが、人前で妻や子どもを自慢する日本人は今も多くはないし、人を招いておいて「何もありませんが」とか、贈り物を渡すのに「つまらないものですが」といった表現は健在である。

「うちの妻が君のために最高の手料理を用意したよ」などというアメリカ式の率直な表現が知られるにつれ、日本人は謙遜がすぎるのもコミュニケーション下手の一因などといわれるようになったが、むやみに自慢したりしないのは日本人に限ったことではない。

前項でも触れたが、「邪視」を避けるという発想から、アラブ諸国やインドなどでは自慢することや見せびらかすことは一種のタブーとなっている。イスラーム社会ではアッラーの教えにより、女性はできるだけ容姿をみせないようにするのがよいとされるが、それを邪視から身を守るためと合わせて考える人びともいる。また、たとえばエジプトでは、外観をきれいに飾り立てた家をあまりみかけないが、それも邪視を避けるためであるといわれる。子どもにわざと汚い格好をさせる風習も残っているようだ。

自慢やみせびらかしのタブーとは少し異なるが、アラブ諸国では男の子が生まれると、他人には女児が生まれたと称する風習が近年まであった。男児は女児よりも病気にかかりやすく育ちにくいことが多いため、邪視など悪しき力から守るためのまじないとして男児が生まれたのを隠したのである。同じ理由から、男児に女児の格好をさせたり、わざと古着を着せたりする風習が、ヨーロッパはじめ世界各地に存在した。日本でも古来、男児に女児の着物を着せる習慣は広く知られている。皇室でも明治期まではそのような伝統があったらしく、昭和天皇が三歳くらいの時に、白いドレスを着て木馬にまたがった写真が残っている。なお、幼少時の子どもを悪しき力から守るためのまじないの一つに、子どもの本名をよばないという俗習があるが、これについては次項で述べる。

さて、自慢したり見せびらかしたりのタブーの裏返しとして、ほめることのタブーがある。日本人は謙遜の気持ちから自分の子どもを人前ではほめないが、よその子をほめるのに遠慮はしない。社交辞令としてほめることもあるし、心からかわいいと思えば手放しでほめる。ところが邪視の俗信が強い地域では、へたにほめられれば邪視の魔力をひきつけてしまうという恐れがあるため、ほめられることを嫌う人びとがいる。

インドでは、邪視を信じる母親は、子どもが器量をほめられると急いで家に連れ帰り、呪文をとなえながら塩とトウガラシ粉を火にくべて清めたりすることがある。また赤ちゃんが食べっぷりをほめられると病気になるという言い伝えもあるという。アラブ諸国では「かわいい赤ちゃんですね」と言った翌日に、その子の具合がたまたま悪くなろうものなら、言った人は邪視のもち主と恐れられるかもしれない。

アラブ諸国ではまた、「すてきなバッグですね」となかば社交辞令で口にしたら、無理矢理そのバッグをプレゼントされてしまったというような話をよく聞くが、これは親切心からというよりも、邪視を避けるためである。ねたまれてはたまらないので、ほめられたものは相手に贈ってしまう、という発想である。また、ほめることはそれを欲しがっていることだと解釈されることもある。

ともかくインドやアラブ諸国に限らず、邪視よけのお守りが目に付く地域では、むやみに相手の家族や所有物をほめるのはタブーと心得るべきだろう。ただし、そういう地域には、ほめ言葉とセットの邪視よけの決まり文句があることも多い。前項でも触れたが、アラビア語圏なら「マーシャアッラー」（「アッラーが望まれること」）が決まり文句である。ギリシャでも「神のご加護を」とほめ言葉に添えることがある。ルーマニアではたいてい、「邪視をむける原因となりませんように」といい添えるという。

なお、邪視とは無関係ながら、男性が女性の容姿や服装をほめるのは、セクシャル・ハラスメントとの関連で現代社会ではタブーとなりつつある。とはいっても、アメリカ以外ではこのタブーはそれほど深刻ではないし、よく知られているようにイタリア、スペイン、フランスや中南米のラテン諸国の白人社会では、ほめて当たり前という了解がある。どういう場におけるどういうほめ方がセクハラにあたるのか、そもそも女性を面とむかってほめる習慣のない日本人男性には、あまりピンと来ないという向きも多いだろう。

ひと昔前は日本人男性は女性をほめるのが下手すぎるといって批判され、最近ではほめるとセクハラの可能性があるといっておどされる。世界中どこにいても自慢することとほめることのタブーに抵触しないためには、自慢とほめ言葉は内輪だけ、身内だけ、ということにしておいた方が無難そうだ。

本名はよばないで

二〇〇一年に公開され、それまでの映画興行成績を塗り替えた宮崎駿《はやお》アニメの大ヒット作『千と千尋の神隠し』(東宝)は、主人公の少女「千尋」が、その本名を魔女の湯婆婆《ゆばーば》に奪われ、忘れさせられてしまう。「千」の名前で異空間の世界で虐待に耐えながら生き抜き、やがて龍神などの力を借りて本名を思いだし、名前を取り返すことで現実の世界に戻るというものだった。

生まれた時に付けられた名前が、その人の人格そのものと考えるのは、古代からあったことだ。古代エジプトでも、名前は魂の一つとして考えられ、それを削ることで存在を消すという呪術がおこなわれていた。彫像でも、他者の名前を削って自分の名前をきざめば、それは自分のものになるというわけだ。

本名以外に愛称、呼称も古代エジプト時代には見られる。犯罪をおかせば、神の加護があるような本名を「悪男」「憎男」などに替えられて記録されたりしている。

聖書の神はヤハウェYHWHだが、通常はこの名はよばない。ただ「神god」である。モーセがシナイ山で神から授かったとされる十戒には、その三番目の項目に「みだりに神の名を唱えてはならない」とタブーが明言されている。

欧米ではヤハウェ以外は名前をよぶタブーはないが、古代エジプトもそうだったように、表意文字の文化圏の中国、日本では、本名をむやみによばせない（書かせない）、よばない（書かない）、本名をよばれても気安く返事をしてはいけないという習慣の歴史は古い。本名を知られることで呪いをかけられないとも限らない、特定されて危険な立場に置かれるなど、個人情報の漏洩《ろうえい》を防ぐIDのようなものとして、愛称、別称があったのだ。新井白石、坂本龍馬、西郷吉之助なども、本名は新井君美《きんみ》、坂本直柔《なおなり》、西郷隆盛である。ちなみに西郷隆盛のみ、本名が知られているのは、彼が明治期の戸籍の作成の時まで存命だったからである。

今も日本では、戸籍の名とは別で、戸籍の名よりも大切な、親と化生《けしよう》（人間の姿を借りてこの世にあらわれた仏や菩薩《ぼさつ》）しか知らない「忌み名」をつける家系があるという。その忌み名でよばれても返事をしてはいけないのだ。たとえば、竹中半兵衛の忌み名は、重虎や重治だった。忌み名は他人に知られてはいけないので、仏壇などにひっそりと書き留《と》めたものが納められているのだそうだ。

アイヌの風習でも、死亡率が高い三歳頃までは、子どものよび名を「糞のかたまり」など、汚いもののよび方をして、死神や病魔に取り憑《つ》かれないように祈っていた。五歳くらいまでも「子ども」「女の子」などのようによぶし、年頃になってかわいい、きれいと噂されるようになると「垢《あか》まみれ」などとして、本名ではよばなかったという。中国人の名前もそうだ。前漢の武帝は幼少の頃、「ブタ」という意味のよび名でよばれていた。

ところで『三国志』の有名人、諸葛亮孔明、関羽雲長などは、実はまとめてよんではならない表記なのだ。それぞれ姓は「諸葛」「関」、名は「亮」「羽」、字《あざな》は「孔明」「雲長」で、通常は字でよぶ。あるいは曹操孟徳のように身分が明らかで、他人行儀に接する時は「曹丞相《じょうしょう》」などとよぶ。現在の中国でも字はあり、やはり名をよべるのはごく近しい関係者だけだ。

最近では、中国人を日本の会社が雇用する機会も増えている。しばしば、雇用関係にありながら、堅苦しいからという理由で、男性上司が女性社員の名を「ちゃん」づけでよぶなどということもあるようだが、中国人に対してはもちろん、日本人に対してもセクハラ問題とは別に日本の文化史的にタブーなのである。男性でも、親しくない女性からいきなり、姓ではなく名を「さん」づけでよばれてもいい気はしないのではないだろうか。親しい付き合いをしたければ、一言、「何とおよびすればいいですか?」という気遣いからはじめることが必要だろう。

欧米人のボディ・ランゲージとタブー

海外旅行で、言葉が通じなくても最低限の意思表示は身振り手振りで何とかなったということを経験した方、そんな話を聞かされた方は多いのではないだろうか。

空港、ホテル、レストランなど、外国人が多く出入りする場所でなら、英語の単語の羅列としぐさ、表情だけで、それも何とかなろう。そんな時、日本人は子どもでもわかるようなしぐさをして伝えようとする。もともと話しながら、身振り手振りをする習慣がないからだ。対して、欧米人やアラブ人など身振りが大きな文化では、ボディ・ランゲージのかたちが古くから決まっていて、簡略化、記号化されてしまっているものが多い。私たちには、彼らのボディ・ランゲージをたよりに相手の真意をつかむのは難しい。その文化を知っていないと、日本人には見当もつかない。

まず、大きく欧米人といっても、ボディ・ランゲージの種類や使い方は国や地域、民族によってさまざまである。大きく分ければ、北欧ではほとんど使われず、フランス、スペイン、ポルトガルや、イタリア、ギリシャなど南欧ではよく使われる。イギリス、ドイツ、オランダ、ベルギーや東欧諸国はその中間といったところだ。

南イタリアやギリシャはとくにボディ・ランゲージの種類が豊富で、会話をしながらさかんに使われる。話していることを強調するように手や頭が動くことが多く、話し言葉としぐさが並行して扱われているようだ。事実、彼らが自国語以外で話そうとすると、いくらか動きがぎこちなくなるようなので、言語としぐさは連動しているのだろう。

では、英国人はどうだろう。映画『マイ・フェア・レディ』に登場するヒギンズ教授とそのまわりの人びとが英国紳士の典型的なイメージとして描かれている。二〇世紀初頭のロンドンを舞台とした映画だ。

彼らはステッキ替わりの傘を持ち、もう片方の手には白手袋、あるいは上着のポケットに親指を入れた手を腰に置いて話をするので、身振り手振りはほとんどない。物静かで落ち着いた雰囲気を大切にしていた。対するオードリー・ヘップバーンが演じた市中の花売り娘は身体全体を使った大きな身振りで嚙《か》みつくようにしゃべり、品の無さを強調している。これが庶民でもさらに下位にあった人びとの様子だったのだろう。彼ら庶民のように、大きな身振りをするイタリア人なども、英国人は軽んじていたことがうかがえる。

さて、欧米人らしいしぐさといえば、「肩すくめ」があげられるだろう。両肩を上げるようにしてすくめ、広げた手のひらを相手にむけてみせるしぐさだ。この時は、顔も口を「へ」の字に曲げる。「しょうがない」「気の毒だけど諦めたら」「さあね」「知らないね」というニュアンスで、何か頼まれたり、聞かれたことに対して手の打ちようがない、役に立てることはない、という残念な答えをする時のものだ。

おもしろいことに、上半身の動きはわからないが、古代エジプトの象形文字でも、この広げた手のひらを見せるしぐさは否定を意味する文字として使われているから、当時、エジプトと交流のあった西アジア、ギリシャの人びとにも同様の認識はあったと考えられる。起源は古代エジプトにあったのかもしれない。

海外で観光している時、予定外のことをガイドに依頼して、このポーズで「残念だけどできそうにない」というような調子で断られたり、タクシーで行き先を告げたところが進入禁止などで近寄れなかった時などにこのポーズをされた経験をお持ちの方があるのではないだろうか。欧米人の集まっているところでは必ずと言っていいくらいに見られる、もっとも広範に理解されるしぐさの一つといえるようだ。

こんな時、日本人なら「知らないな」と言う時には、小首を傾《かし》げるのがふつうだろう。この時に首を傾げた方の肩がちょっと上がるくらいはあるかもしれないが、「両肩すくめ」は日本人には、どうにも気障《きざ》な感じがしてなじまない。ちなみに、しぐさの多用されるイタリアでは、片方の肩をすくめて「さてね」、両肩をすくめて「どうしようもない」、さらに手のひらを見せるしぐさを加えて「知ったこっちゃない」というふうに、「肩すくめ」一つでもニュアンスによって使い分けられるようだ。

しぐさのタブー1

日本でも一般的になった欧米のしぐさの一つに、「よし」「よくやった」「OK」という意味の「親指立て」がある。「親指立て」はひと昔前なら、「女」「愛人」をあらわす「小指立て」と対のしぐさとして、「男」「彼氏」の意味でよく使われた。デズモンド・モリスの『ボディートーク』には、「日本人は西欧の『親指上げ』をOKの意味で使わない」と記されているが、実際のところは近年、若年層を中心に、「よし」を意味する使い方が根づいていて、「男」をあらわすことはむしろ少なくなりつつある。

要注意なのが、アラブ世界やイタリア、バルカン半島、オーストラリアなどでは性的侮辱をあらわすことがあるとか、スペインでは場合によって「バスク人万歳」の意味になるなどの報告もある。

親指ではなく中指を一本突き立てるしぐさがあるが、これもアメリカ映画などの影響で、日本はじめ各国でよく知られているものだ。アメリカでは「ファック・ユー」「くそくらえ」の意味で使われる痛烈な性的侮辱のしぐさで、ほかの地域でもだいたい似たり寄ったりだ。日本では、プレゼンテーションなどの時に、男性が中指で図をさし示したりするようすをテレビなどでも見かける。悪気はなくても、これを不愉快に感じる人は少なくない。これもタブーである。

こうして侮辱のしぐさをしつつ、何かをののしる時の言葉には、性か排泄《はいせつ》、または神のいずれかと関連するものが非常に多い。英語でいえば、"shit"（クソッ）、"Goddam!"（ちくしょう！）など、映画などで普通に発せられている。

そうした中でも「性交」の俗語とされる"fuck"は現代ではその意味で使われることがほとんどないばかりか、ののしり言葉ですらないことが多い。間投詞的、強調を示す副詞、形容詞のように使われたりする。"Fuck you!"は「くだらねぇ！」、"Fuck me!"なら「何てことだ！」という意味だし、フットボールなどですごいゴールを決めれば、"a fucking good goal"ということになる。最近では英国でも使われるようになったが、一昔前では"fuck"の代わりに"bloody"（血だらけ）をもちいていたので、そこだけ抜きだしても米国英語か英国英語か判断できたものである。この"fuck"と中指立てをヘビメタのスターたちがさかんにおこなったことで、反逆精神の表現から同じファン仲間をあらわすポーズへと、さらにその意味合いを薄いものへと変えていったといえよう。

二〇世紀半ば過ぎまで"fuck"はタブー語の代表のように扱われ、"f-word"（fではじまる言葉）というようにはっきり言うことを回避したり辞書にも載っていなかったほどだが、今では女性も含め、アメリカ人の多くがふつうに発するといわれている。そうはいっても、私たちが彼らの真似をして何にでも"fucking"を付けるのはタブーだろう。「この黄色野郎が生意気言うな！」とでも言われかねない。しかも道ばたで、「中指立て」と"Fuck you!"を併せて使えば、「やるのか！　きさま！」と殴り合いの喧嘩《けんか》に発展しかねない。

この「中指立て」は、古代ギリシャ・ローマでも知られていた。ローマ帝政初期の暴君カリグラは、同性愛者だった部下を愚弄するために、いつも中指を伸ばしてそれにキスをさせていたという。中指が古代から男根をあらわしていたのは確かだが、意味するところは今とは少し違って、同性愛の象徴だったらしい。

しぐさのタブー2

握り拳をつくって腕を曲げ、力こぶを誇示するようなしぐさは、「よし！　いっちょうやるか！」「まかせて！」と力仕事や運動会のようなスポーツのイベントなどでよく見られる。日本やアジア各地では男らしさ、力強さをあらわすものだが、欧米ではこれがタブーとなる。このしぐさは性的な意味をもっていたり、性的侮辱をあらわしたりすることが多い。とくに腕を素早く曲げながら、肘関節の内側や力こぶのあたりを反対の手で押さえるようにしたり、ばしっと叩いたりすると、侮辱や挑発の意味にとられてしまう。喧嘩を売っているともとられかねないので要注意だ。ただしこれと似たポーズは、英国やアイルランドでは、性に関する称賛をあらわす。

日本では、今でも写真を撮る時のポーズで見られる「Vサイン」も、一人だけ目立とうとして手の甲を見せてする人がある。この裏返しの「Vサイン」は、「リヴァース・ピース（裏返しのピース）」ともいわれ、英国やカナダ、ニュージーランドではこれが性的侮辱をあらわすしぐさとなり、タブーである。ちなみにアメリカではまったく問題なく、右手の「Vサイン」の手の甲を見せる向きで左肩につける「ピース」サインがある。

「Vサイン」が勝利や平和をあらわすことは国際規模で常識になっている。ベトナム戦争以後は「平和」のサインとしても知られるようになった。しかし、写真を撮られる時にこのポーズをとるという習慣は欧米ではめずらしい。

一方、ギリシャでは相手に突きつけるように出された「Vサイン」は「くたばれ」というような侮辱のしぐさとなる。ギリシャには、五本の指を広げて手のひらを突きだす「ムーザ」というしぐさがある。起源はビザンティン時代にさかのぼり、市中を引き回される囚人にむかって見物人が汚物を投げつけた、その時のしぐさにあるという。Vサインはそれと同じ意味に受け取られるのだ。

ところで、もともと勝利の「Vサイン」は、英国のウィンストン・チャーチルがナチスへの抵抗のサインとして使いはじめたものだ。デズモンド・モリスによればこの反ナチスの「Vサイン」はベルギーの弁護士ヴィクトール・ド・ラヴレーの発明で、彼の提案に賛同した英国のBBC放送が一九四一年一月にキャンペーンを開始し、チャーチルもはじめた。

「Vサイン」の起源に関しては別の説もあるが、いずれにせよ、Vは「勝利」“victory”の頭文字（ラテン語源のこの単語は、フランス語でもドイツ語でも同様にvからはじまる）であり、このサインが反ナチスの宣伝効果を著しく高めたことは間違いない。ちなみに「v」のモールス信号は「トン・トン・トン・ツー」で、BBC放送はこれと符合するベートーヴェンの交響曲第五番「運命」の冒頭のテーマ、「ダ・ダ・ダ・ダーン」を、キャンペーンに使用した。

そしてタブーの裏返しの「Vサイン」の起源は不明だ。「Vサイン」を広めたチャーチル自身、はじめの頃は間違って裏返しの「V」を軍隊に示したりしたというが、時代が下って勝利や平和の「Vサイン」が庶民に普及すると、公共の場でうっかり裏返しの「V」を示して、裁判沙汰になるほどの大騒ぎが起こることもあった。

ところが最近では、記念写真では裏返しの「V」のほうが安全だという声があがりはじめた。スマホで撮影する写真がいつの間にかかなり高画質になっており、二〜三メートル離れたくらいで撮った写真だと、指紋まで映ってしまうというのだ。それをそのままインターネットにアップしてしまうとコンピュータで指紋が読み取れ、指紋認証サービスなどで悪用されてしまう危険性が出てきたというわけだ。こうなるとこれまでタブーとしていた地域でも認識が変わってくるのかもしれない。

しぐさのタブー3

今ではほとんど見られなくなったが、親指と人差し指で丸をつくる「OK」または「お金」のしぐさも、海外では問題となる。

承諾を意味するしぐさとして認識されている地域は多いものの、フランスでは同じしぐさが「OK」とは正反対の「ゼロ」「価値がない」という意味になる。ギリシャ、トルコ、中東各地やロシア、北欧の一部、それにブラジルなどでは、それが性的侮辱をあらわすことになる。指でつくった輪は穴の象徴で、それも主に「ケツの穴」という意味の侮蔑になるのである。

反対に、広く猥褻《わいせつ》な意味で知られたしぐさが、地域によってはその意味をもたないという例もあげておこう。

前述の握り拳の人差し指と中指の間から親指の先を突きだす、日本でもおなじみのしぐさは、やはり古くからヨーロッパで知られており、「イチジク」"the fig"ともよばれる。主に北ヨーロッパでは男性同士の性的な話題の時に、また南ヨーロッパでは侮辱の意味でもちいられている。

「イチジクの手」の英語"fig hand"はイタリア語の「マーノ・フィーカ mano fica」に由来する。"mano"は"hand"だが、"fica"は、女性器を意味する隠語で、イチジクを意味するイタリア語"fico"に結びついたようだ。つまり「イチジクの手」は女性器そのものをあらわしたものなのである。

女性器と魔よけの関係は世界各地で知られている。こうするしぐさで悪霊の気をそらすと考えられていたのだろう。前述したように、邪視をはらうものとして、かつてはイタリアなどで一般的だった。

「イチジク」の手のかたちは日本でも女性器をあらわすと考えられているが、地域によっては男性器のサイン、または性交のサインとされている。けれどもアメリカやオーストラリアでは、このしぐさが猥褻な連想を引き起こすことはなく、手話でアルファベットの「t」を意味するだけだ。だからアメリカ人が異文化コミュニケーションのために書いたHow to本などには、この手つきが侮辱の意味になる地域があげられ、タブーと記されている。

しぐさのタブー4

ヨーロッパで「イチジクの手」と対のように出されるのが、前に触れた「角の手」である。これは人差し指と小指をまっすぐに立て、中指と薬指の二本は折って親指で押さえたかたちのものだ。これには、手を垂直にして角を天に向けるものと、水平にして角を前に向けるものの二種がある。この角は牡《おす》ヤギ、あるいは牡ウシのものと言われ、その起源、由来についても諸説あって明らかではない。紀元前五世紀のエトルリア時代の壁画にすでにこのしぐさが描かれているが、共通言語がもちいられる以前から、人びとの情報交換、意思疎通の手段として古代地中海周辺地域で知られていたことは間違いない。

「角の手」も「イチジクの手」と同じく、魔よけのまじないだ。かつては地中海世界を中心に、ヨーロッパ各地で見られたが、かなり少なくなっているという。ただ、イタリアでは健在で、不安でいたたまれない時、このしぐさをする人はある。魔よけとはいえ、時と場合によっては、それがタブーとなったりするものだ。

一九七三年九月七日、当時のイタリア大統領ジョヴァンニ・レオーネは、コレラが流行していた地元ナポリへ視察に訪れた。入院患者を見舞いながら、彼は後ろ手で「角の手」（イタリアではコルナという）をつくっていたことが、同行したマスコミに知られ、批判を受けたことがあった。彼は「コレラに感染しませんように」とでも祈っていたのだろう。

イチジクの手（左）と角の手（右）のお守り

イチジクの手のお守りには、手首にあたる部分に「13」を彫り、不吉を封じる祈りがこめられている。

さらに、二〇〇二年にも、欧州連合の会合（二月）で、同じく当時のイタリア首相、シルヴィオ・ベルルスコーニが、記念写真を撮る際、スペイン外相の後ろで「角の手」をしているところをスクープされた。実業家として高い名声を得て、政界に進出したベルルスコーニだが、天性の陽気さ、冗談好きで、親しみが持たれたものの、無配慮な発言が多く、就任中だけでも多くの発言が批判の的になった。そのような人物だから仕方がないのかもしれないが、彼の「角の手」でもっとも傷ついたのが、スペイン外相の妻である。この時ベルルスコーニがした「角の手」は、指が上に向けられたもので、それは妻に不貞を働かれた「寝取られ男」と揶揄《やゆ》するものだったのである。これもまた、当然、批判されたことは言うまでもない。

「角の手」はしぐさだけでなく、魔よけのお守りとして今も売られている。「イチジクの手」のお守りは左右どちらもあるが、「角の手」は左手をかたどったものが多いというのもおもしろい(手でする時は、左右、臨機応変のようだ)。

ちなみにアメリカでは「イチジクの手」も「角の手」もほとんど知られていない。相手に手のひらを見せる向きで親指と人差し指、小指の三本を立てる「角の手」と似たしぐさは、友情や平和の意味で「愛している」というメッセージを伝えるものだ。一時期流行したこのしぐさは米国の手話から広まったという。

ほかに魔よけを意味するものでは、右手で左手の親指を握るまじないも、かつてはヨーロッパ各地でおこなわれていたようだ。これは、おそらく「親指を内側にして握る」という魔よけのしぐさと関係があるのだろう。日本でも、親指の先から邪悪なものが入ってこないようにとの身を守るしぐさとして、葬儀や恐怖を感じるときに、親指を握り隠す。

しぐさのタブー5

日本では、汚いもので穢《けが》されることを封じるまじないとして「エンガチョ」という言葉とともに、人差し指に中指を重ねるように交差させる「指十字」がある。子ども同士のことだが、これを人にむけて汚らわしい対象とするのは虐《いじ》めであり、タブーとして指導すべきことだ。「エンガチョ」の指使いは、両手で人差し指と親指で輪をつくって交差させる、右手の人差し指と中指を交差させる、右手の中指と薬指を交差させる、親指を人差し指と中指の間に入れて握り拳をつくるなど、地域や世代によってさまざまだ。

国際的には、人差し指に中指を重ねるように交差させる「指十字」が、幸運が訪れるように祈る時によく見られるしぐさだ。そのよび名の通り、キリスト教世界、なかでもプロテスタントの人びとが多いようだ。イギリス起源のようで、胸前で十字を切るカトリックの人びとは指で十字をつくることはない。

悪運を招くようなことをしてしまった時（はしごの下をくぐる、部屋の中で傘をさす、黒猫が前を横切る、鏡が割れるなど）に、「指十字」で避けられるなどという迷信があって使われている。

米国人は嘘をつく時に、相手に見えないように背中に回した手で「指十字」をつくる。これは子どもがよくやるが、大人たちも冗談混じりで和やかに相手に嘘をつく時、だました後に相手に背中をむけて「指十字」を見せ、嘘だったことを告げたりする。映画のコミカルな会話の場面などでこうした演出が見られる。これは、嘘をついても悪魔に取り憑かれないようにという祈りのしぐさだ。なお、ベトナムでこの「指十字」は侮辱をあらわすものであり、人前ではタブーのしぐさになる。中国では、世代や地域にもよるが、このしぐさは数字の一〇をあらわす。

しぐさのタブー6（安易なうなずき、人差し指）

日本人の何気ない「うなずき」のしぐさが誤解を生んでしまうことがある。

相手の話に同意していてもしていなくても、うなずきながら話を聞く日本人が多い。会話では、話し手のほうも一人でうなずきながら話を進めることがよくあるし、それに対して聞き手は、うんうんとうなずく。日本人ならこれは「話を聞いています」という合いの手のようなものので、これがないと話を続けていいものかどうか不安になってしまう。話の途中で「そうだね」「そうそう」と言いながらうなずいたとしても、必ずしもすべてを肯定的に理解しているというわけではない。それも話し手はわかっている。

ところがこの調子で欧米人相手の話を聞くと、話の内容に同意している、承認と受け取られかねない。それでいて、最後に「私はそうは思わない」などと言おうものなら、混乱を引き起こしてしまうだろう。欧米人相手に会話する時は、話し手の目をまっすぐ見つめることだ。とりとめもない会話ならともかく、まじめな話をする時は、目線をそらしたり、腕組みをしながら余所《よそ》を見て、うなずくなどするのは失礼なことだ。

もう一つ、非常に嫌がられる日本人の何気ないしぐさに「指さし」がある。日本で人差し指は、そのよび名通りに人をさすのによく使われる。もっともよく見る光景が、ツアーの添乗員がひとりひとり指さしをして人数確認をするところだ。日本人が日本人を数える時は問題ないが、外国人観光客を数える時は顰蹙《ひんしゅく》をかったりする。世界には人差し指でさされることを侮辱や挑発ととらえる社会が圧倒的に多いからだ。

日本人同士でも、部下が上司にむかって指さしたりは決してしないものだが、欧米やアラブ社会では身分や立場に関係なく、人差し指で人をさすのはあきらかに無礼にあたる。中国やインド、東南アジア、アフリカ各地でも同様で、民族・社会によっては人だけでなくものを指さすこともしない。

では、何かに注意をむかせたい時はどうするか。

たとえばアメリカ人なら親指を使うことが多い。ほかの四本の指は軽く握っておいて、親指で方向をさし示したり、自分を示す時は自分の胸に親指をむける。人差し指を使う時は、ほかの四本の指は軽く握っておいて、ピンと伸ばさずに軽く曲げた状態で示すことだ。これなら海外でもよく見かける。ともあれ、人を無難に、ていねいに示すには、指をそろえて手のひら全体を使うしぐさがよいだろう。

ヨーロッパにはかつて、人差し指には毒があるので傷薬などを塗るのに使ってはいけない（薬指がよい）という俗信があった。また一般的に、人差し指を突きつけるのは威嚇の身ぶりであるとか、伸ばした人差し指は武器の象徴であるなどとも考えられることも、嫌われる理由と少なからず関係があるのだろう。

イギリスでは、顔をむけてさし示すし、インドなどではあごを使う。フィリピンでは唇をとがらせて方向を示す。親指、顔、あご、唇など、日本人には人差し指よりも失礼に思えてしまうが、世界的には私たちのしぐさのほうが劣勢だというのが現実である。

出物腫れ物……のタブー

人には、気持ちでは止められない生理現象がある。そこで日本には「出物腫れ物所嫌わず」ということわざがある。「出物」とは、主におならのことで、便や鼻水、涙、しゃっくりなどもそうだ。「腫れ物」とは、おできやニキビなどのことをいう。産気づくことも含まれる。生理現象で身体から出るものは、時や場所を選ばずに出るものだから、粗相をしたところでとがめることはできないというものだ。このことわざは、不覚にもおならが出てしまった時の言い訳に使われてきた。ちなみに「おなら」は、室町時代に「お鳴らし」という女房言葉が略されたもので、「屁《へ》」よりも上品な言い方とされている。

どうにも我慢できなくて出た「おなら」は、不快な表情をされるかもしれないが、場合によっては場を和ませることもあり、必ずしも悪い状況になるとは限らない。二〇一一年二月、マラウイ共和国では、公共の場所での「おなら」を禁止する法案が提出されたが、あっけなく廃案にされてしまっている。誰もが粗相をする可能性があることゆえに「さもありなん」である。

子ども同士が「おなら」を話題にふざけ合うなどという経験は多くの方があるだろう。大人の世界でも、下品ながらも「おなら」の話題で笑うなんてこともあるし、音だの臭いだの「おなら」を分類するというのは世界各地にあるようだ。

海外では、粗相をした時、ただただ「エクスキューズ・ミー」と謝るのが賢明だろう。

不覚にも、の場合は許されても、もちろん、満員の電車やバスなど、人が密集している場所でおもしろ半分に「おなら」をするのはマナー違反の程度を超えてタブーであることは言うまでもない。またちなみに、多くの方が認識している俗説では、欧米をはじめ、広い地域で「おなら」よりも、食事の時の「ゲップ」のほうが失礼だとされていることがあるが、国や地域、その場の状況など、文化圏、階層、個人などにもよる。

「くしゃみ」は、日本では「誰かが噂をしている」などというが、二〇〇三年にSARS（重症急性呼吸器症候群）が流行して以降、人混みでマスクをしないで、ハンカチで口を覆うこともなく、立て続けにしようものなら露骨に不快な反応が返ってくるようになった。冬には風邪の予防のためにマスクを身につける人が、日本では一般的だ。飛行機のなかでも、冬の海外の観光地でも、マスク姿の一団は日本人のツアーであることが一目でわかる。日本人がやたらと除菌剤を振りまくのと同様、この潔癖さはどのようなものだろう。免疫力が低下し、動物として生きる力が衰えてしまうことを懸念してしまう。それよりも、海外ではほとんどの国や地域でマスクの習慣がないので、病気を患っている人、時に不審者のように勘ぐられることがあって、とにかくマスクの集団は異様である。

日本では、マスクなしで人前でくしゃみをするのは迷惑なタブーだろうが、海外では口元の見えないマスクはタブーである。ベネチアの仮面舞踏会でも、目元は隠しても口元を隠すマスクは少ない。西部劇では悪人は口元を隠し、英雄の怪傑ゾロは目元を隠している。口元を隠すマスクは犯罪のイメージに結びつくのだ。

さて本題の「くしゃみ」だが、英語圏で「くしゃみ」をすると、近くにいる人から「(ゴッド・)ブレス・ユー」と声がかかることがある。ドイツ語なら「ヘルフ・ゴット」、フランス語なら「デュー・ヴ・ベニス」で、いずれも「神のご加護を」という意味だ。エジプトのイスラーム教徒は「神の許しがありますように」という意味の「ヤルハムコム・アッラー」という言葉を口にする。

古代ローマでは、くしゃみをした者にむかって、「健康」という意味の「サルヴェ」という言葉を唱えていた。このラテン語はそのまま、イタリア語の「サルーテ」やスペイン語の「サルー」に派生して、イタリアやスペインでは誰かがくしゃみをするとすかさず声がかかる。ちなみに「サルーテ」や「サルー」は、乾杯の合図でもある。ドイツでも同じ「健康」の意味で「ゲズンタイト」という。

「健康」という言葉は、くしゃみが風邪の症状の一つという認識から、「お大事に」という意味で使われる言葉ともとれるが、もとはくしゃみの魔力を避けるためのまじないだった。理由は定かではないが、インド・ヨーロッパ語族の諸言語を話す人びとはなべて、くしゃみを霊的な現象であり、吉凶をともなうものと考えてきたのである。

ギリシャやローマの例をとれば、たとえばホメロスの『オデュッセイア』には、長年の冒険の末、乞食《こじき》姿でオデュッセウスが故郷に戻ったとき、その報《しら》せを受けた息子が大きなくしゃみで吉兆を告げたくだりがある。アリストテレスもくしゃみが霊的なものと考えられるのはなぜかなどと自問自答している。またプリニウスの『博物誌』のなかで、なぜ誰かがくしゃみをすると人びとは挨拶するのだろうかと問いかけている。さらにプルタルコスの『倫理論集』によれば、ソクラテスは誰かが自分の右側でくしゃみをすると行動を起こし、それが左だとやめてしまったという。

当時くしゃみは吉兆とされることも凶兆とされることもあったが、いずれにせよ、くしゃみに何か不思議な魔力がひそんでいるという俗信が一般的だったことがわかる。それはインドでも同じで、最古の文献の一つ『リグ・ヴェーダ』で、くしゃみをした時のお守りやまじないについて記しているように、紀元前の時代からくしゃみの魔力が恐れられていたことがわかる。日本の「誰かが噂をしている」というのも、柳田国男の説にあるように、まじないの言葉を唱えるのは噂の悪意をはらうためのものだったのだろう。

ところで、英語圏で、そばにいる知人から「ブレス・ユー」と言われた時は「サンキュー」と答えればよい。くしゃみの後に何も声がかからなければ、それは不快に思っているからかも知れないので「エクスキューズ・ミー」と言うのが無難だろう。咳《せき》や咳払いも頻繁になる時は、一度、席を外し、一言、謝ろう。

一方、イタリアやスペイン、ラテン・アメリカなどでは、今も知らない人から声をかけられることがある。古代ローマでは、二度、三度とくしゃみをするたびに「サルヴェ、サルヴェ」と繰り返したそうだが、スペイン語圏ではたまに、最初のくしゃみに「サルー」(健康)、二度目は「アモール」(愛)、三度目は「ディネロ」(お金)と、気遣いのある三つのまじないがかけられることがある。これを言われた時は「ペルドナメ」(ごめんなさい)ではなく、「グラシアス」(ありがとう)と答えよう。

あくびやゲップ、しゃっくりなどについてはどうだろう。かつてのヨーロッパでは、開いた口から悪魔が入ってくるという迷信があって、あくびをしながら口に十字を切ったり、赤ん坊の口を手でふさいだりしていたこともあった。口を覆うのは、今も習慣として残っていて、手で隠す人もあるが、最近では日本人と同じように、大口を開けるのははしたないということで口を覆う人も多い。

エジプトのイスラーム教徒は、今も、左の手のひらを口にあてて「悪魔から身をまもりたまえ」という意味の「アウーズ・ベッラ・ミナ・アルシャイターン・アッラジーミ」と唱える人もある。口から悪魔が入ってくるという迷信は、特定の宗教に関係のない民間信仰として、地中海周辺地域に広まっていたことなのかもしれない。

前にも触れたが、ゲップは行儀の悪いマナーの問題であり、ビジネス交渉の一つとしての会食や、懇親会のような会食の場ではタブーである。ゲップ一つで台無しになってしまうことにもなりかねない。しかしこれも「出物」の一つには違いない。うっかり出てしまったら「エクスキューズ・ミー」は言わなければいけない。対照的に、中国やインド、東南アジア、中東など、広い地域でゲップには寛容で、ご馳走《ちそう》になった時などは「充分にいただきました」「美味《おい》しかったです。ごちそうさまでした」の意味になる。

やっかいなのはしゃっくりだろうか。「おなら」はトイレに立つなりできるし、「あくび」や「ゲップ」は目立たないように工夫もできるが、しゃっくりはそうはいかない。簡単に止まらない時もある。人と対している時は、「止め方」を話題にして、それをパフォーマンスにしてその場を和ませるしかないだろう。

「出物腫れ物」のような思いがけないことが起こらないようにと願う人、縁起をかつぐ人は馬《ば》蹄《てい》のお守りや馬蹄をデザインしたものを身につけるという。ヨーロッパ、アメリカなどでは一般的で、高級ブランドのエルメスでも馬蹄をデザインしたバッグ・チャームやストールなどの商品があるほど、馬蹄の幸運を信じる人の数は少なくない。

馬蹄は、古くは家の入り口の敷居やドアにそれを打ちつければ魔女が入れないとか、偶然それを見つけるのは縁起がいいなどと伝えられてきた。イギリス海軍の英雄ネルソン提督は、彼が乗る旗艦ヴィクトリー号のマストに馬蹄を釘《くぎ》づけさせたという話がある。

「出物腫れ物」とは質が違うが、誰もが起こしうる失敗も、時にはタブーに触れることもある。実は、塩をこぼすのもタブーなのである。

塩ほどの価値があるとまで評価された弟子の一人、ユダが「最後の晩餐」の場面で塩容れを倒し、塩をこぼすという表現は、神の子イエスの弟子として失格であることをあらわしたものなのだ。このこととイエスの運命との連想から、親しい人と食事をしていて「塩をこぼす」のは、両者の関係が破綻するという不吉な前兆と信じられてきた。

しかし、誤って塩をこぼした時は、こぼした人は右手でその塩をつまんで、左の肩越しに後ろに投げれば厄災をよけることができるなどといわれてきた。

黄色、タブーにならない？　東アジア人への侮蔑

中国、モンゴル、朝鮮半島、日本は、黄色人種 “Yellow race” の国だ。バナナとか黄色とか、私たちは黄色く見えるのだろうか？　そんなことを思ってみたことはないだろうか？　一説によると、イエローと言われるようになったのは、肌の色と直接に関係がないという。

中国を中心とするアジア東部には、文明が発祥してから五〇〇〇年以上もの長い歴史があるが、ヨーロッパの人びとと直接に交流するようになったのは、それほど古いことではない。接近遭遇とよべるようになったのは一六世紀になってからで、ポルトガルの航海者が中国の海岸部に到達したり、一七世紀には毛皮目的にシベリアを東進してきたロシア人が中国北部で接触するようになり、さまざまな情報がヨーロッパに伝わっていった。

しかし一八四〇年代になると、英国が広東《カントン》周辺地域を支配し、アヘンの売買で利益をあげるなど、産業、技術面で優位にあったヨーロッパに翻弄されてしまうのだった。英国だけでなく、ヨーロッパの列強が中国に侵攻し、あちこちを占領して特権を得るようになった。日本では幕末で、同じように外国船の来襲に神経をとがらせていた時代である。

もちろん中国人は、何の抵抗もせずにされるがまま、というわけではなかった。時にはヨー

ロッパ人を討つこともあったが、その後の報復のほうが大きかった。

一九世紀後半に活躍したドイツの地理学者、フェルディナント・リヒトホーフェンは、西アジアから中央アジア、東アジアを結ぶ東西交通路のことをシルクロード「絹の道」と名づけたことで知られている。彼は、中国の一一省を訪ね、黄土地帯の地形や地下資源について調査した。彼はその時、中国は西欧の列強の勢力に圧されているものの、資源といい、人口といい、黄色い大地のもつ力の大きさを感じ取ったのだろう。その結果は皇帝ヴィルヘルム二世にも伝えられた。そして一八九七年、山東省で二人のドイツ人宣教師が殺された事件をきっかけに、ヴィルヘルム二世は膠州湾《こうしゅうわん》の租借を決意することになったという。

「眠れる獅子《しし》」といわれていた中国は脅威の存在、目が離せない要注意国として位置づけられ、ヨーロッパの列強に、中国制圧を正当化させることになったのだった。この時、中国は注意を要する場所につけられる黄色と結びつけられ、黄禍“Yellow Peril”(アジアの優勢、人口の拡大に対して白人の抱く恐怖感)といわれるようになったという。

のちに、その大国である中国(清)を破り、さらに巨大なロシアまでも破った日本の話題は世界を駆けめぐった。日本もまた、要注意国に加えられ、黄色い国として見られるようになったことは言うまでもない。つまり、中国、韓国、日本のように、ヨーロッパ人には見分けのつかないアジア東部の人間は「要注意人物」という意味で黄色と見られる場合もあるということだ。

実際、世界で五人に一人が中国人という数字には驚かされる。数の論理でいうなら、現在、世界の主導権を握っている白人は圧倒されてしまうわけだから脅威なのだろう。見方を変えれば、欧米にとって、中国を味方につけることは最重要課題の一つである。どこにつくかは「ねたみ」「嫉妬」の的ということになろう。ちなみに、辞書では古語と示されている言葉"the yellows"は、名詞、単数扱いで、その意味は「ねたみ」「嫉妬」ということだ。はたして古語にしてしまってもいいのだろうか?

ユダヤ人にとっての黄色のタブー

アジア人だけでなく、「黄色」で色分けされることにはユダヤ人も嫌悪の表情を見せる。アメリカをはじめ、国際社会に溶けこみ、外見ではわからないのに気づかれてしまうと「黄色」と陰口を叩かれ、差別される彼らには、どのような歴史があったのだろうか。

紀元一三五年、ローマ軍によって国を奪われたユダヤ人の多くは世界中に離散していった。しかし彼らは、唯一絶対の神に選ばれた契約の民であるとの篤《あつ》い信仰から、離散しても信仰は

ホロコーストを批判する切手

ボーダーの服、黄色のダビデの星のワッペンがユダヤ人に強いられた。
カナダ（1995）

棄てず、コミュニティをつくって生活していった。こうした、信仰の篤さゆえに異文化に溶けこめないユダヤ人は、各地で奇異の目で見られ、程度の差はあっても何らかの差別を受けることになった。

なかでももっとも厳しい差別をおこなったのがキリスト教徒だった。彼らは、ユダヤ人を労働条件が過酷な職業や、社会的に好まれない職業に就かせることにした。それどころか、交わることを嫌った彼らは、外見だけではユダヤ人と見分けられないので、身につける物で区別していたのである。

こうした差別は何もキリスト教徒がユダヤ人にしたことだけではない。日本でも、一部の人びとが人として扱われず、村人と同じような服装をすることが許されなかった、という歴史があった。出自や出身地が明らかではない、生業としてきたことが人が就きたがらない仕事だったなどの理由で徹底的に差別していたのだ。

一三世紀はじめ、イギリスでは、ユダヤ人はそれとわかる服装で公共の場に出るように、との戒めが教会からあった。この命を受けて、ユダヤ人はモーセの十戒を記した布、または羊皮紙を上着につけることになり、その札が黄色と決められたという。フランスでは円形のマークをつけることが命じられ、ルイ九世の代になって、それが黄色でなくてはいけないと決められたという。こうした動きは、一五世紀、一六世紀にはドイツやオーストリア、やがてヨーロッパ各地に拡大していった。

しかしなぜ黄色かというと、一説には、一二一五年、第四ラテラノ公会議を開いたインノケンティウス三世が、典礼の五色をさだめた時、赤、白、紫、黒、緑とされ、黄色が選ばれなかったことが理由としてあるという。

もっとも、私たちが黄色をユダヤ人と結びつける印象的なことは、二〇世紀半ば、ヒトラーがこの差別の方法を復活させたからである。この時はダビデの星にかたちは変わっていた。

忌み数、迷信レベルのタブー

個人（人生経験）、宗教団体、民族集団、地域、国には、何らかの理由で不吉で忌避される数がある。同じ数字が連続する不吉な事象や事故に関係して、それを知る人びとが選ぶことを避けるようになった数字もある。科学の進んだ現代では、単なる迷信とされてしまうことがほとんどだが、それが社会的に定着するとさまざまなことで影響が出てくる。

あとで触れるが、ドイツやオーストリアでは18という数字は、アルファベットの並びでAとHで、これは“Adolf Hitler”（アドルフ・ヒトラー）の頭文字を指すとして、自動車のナンバープレートなどで選ぶことができない。法律で禁じられているのだ。

外国人だから知らないでは済まされない厳しさがある。相手を不快にさせてしまうタブーは避けたいものである。

【偶数】偶数は英語で“even number”とあらわす。「均等な、公平な」数ということだ。しかし、日本では二つに「割れる」数なので、偶数の金額を婚礼の祝い金にしてはいけないという風習がある。ただし8は、漢数字の「八」が末広がりなので縁起がよいとされる場合もある。

ロシアでは、花を贈り物にする時、偶数にするのは墓に捧《ささ》げる場合であり、恋人や祝い事には必ず奇数にしなくてはいけないという風習がある。このタブーはルーマニア、スロバキア、ハンガリーなど、かつてロシアと関係の深かった地域や国々にも定着している。

【4】漢字の文化圏では、四は偶数であるうえに「し」と読み、「死」に通じるので、さまざまな機会で避けられる。番号で管理している駐車場や車庫など、予測のできない事故に関わる可能性があるもの、病室などには、あえてこの数字を使わない場合もめずらしくない。「4恐怖症」“Tetraphobia”という症状名もあるほど、気にする人がある。

重箱や膳で供する日本料理では、「一の重（膳）」「二の重（膳）」「三の重（膳）」の次は「与の重（膳）」というように、四「し」を使わない。四人も「よにん」とよんで「しにん」としないように、古くから「し」を「よ」「よん」の音に替えている。「死に」「死苦」に通じるので42、49も避けられることが多い。日本の航空機のなかには、これらの数字の座席がないものもある。韓国でも4は同様に避けられる。中国でも北京《ベキン》など一部の地域で4は避けられるが、発音が異なる地域では気にしない。

【5】中国では、5が「無」の音に通じるので、5を忌み嫌う人は多い。しかし、4を「死」に結びつけて忌み嫌う地域では、54は「死が無い」と打ち消し合うので好まれる数字になるのだという。

【9】日本では、九「ク」が「苦」の発音と同じであるために、これも4と同じように病室などでこの番号は避けられる。「きゅう」と読むことが多い。ただ、「九品《くほん》」のように仏教と結びつけられたり、縁起のいい奇数の最高の数としてもちいられることもある。一桁《ひとけた》の数字で最大ということから、「多くの」を意味する時もある。大型店舗などで、店内の符丁として「9（番）」がもちいられる時は「満員」、「レジが混雑」してスタッフの増員を必要とする時は「窮（九）している」「苦（九）るしい」ということのようだ。

【13】欧米はもちろん、欧米文化の影響を受けた国や地域、なかにはイスラーム国家にもこの数字を避ける人があるほどだ。「13恐怖症」“Triskaidekaphobia”という症状名もある。今でも、

一三日の金曜日はイエスが処刑された日という風聞を信じている人があるのだろうか。日本や中国でも13を嫌う人は多い。迷信深い人のなかには、一九七〇年のアメリカのアポロ計画におけるアポロ13号の事故（奇跡的に生還した）とこの数字を結びつける人もいる。

片手の親指で、親指以外の四本の指の節の数を数えると12ある。これを一通り数えると、もう片方の手の指を折る。両手で、12を五回数えられるので60になる。一説にはこうしてメソポタミア地方で六〇進法が考え出された。13は12に1が余る不調和の数字の最初だから嫌われたのではないかというのだ。この説だとすれば、古代から13は嫌われてきた数字ということになる。

次に北欧、バイキングの神話である。よき一二神が集まっていた場所に、悪戯《いたずら》好きで嘘をささやいて欺いたり、物事を台無しにしてしまう神ロキが、強引に入ってきた。12の定数がくずされ、一神が去らねばならなくなる事態を招いたという。

これはキリスト教では十二使徒に通じる。キリスト教のなかには、天使ルシファー（堕落してサタンとなる）を一三番目の天使とする見解があり、とくにロシア語圏では「悪魔のダース」、あるいは悪魔をよびだす時に魔女が一三人集まると言われていることから「魔女のダース」ともよばれることがある。

また、イエスの弟子で、イエスを裏切ったユダは一三番目の弟子だったとの説もあるが、聖書には十二使徒のひとりに加えられている。ただし、世界の広い地域で13は忌み嫌われており、13階、13番などがない場合がしばしば見られる。

【14】中国では、地域によって14の音が「実死」(確実に死ぬ)、「要死」(死にたい)につながるので避けられることがある。

【17】ローマ数字で17はXVIIとなる。並びは異なるが、イタリア人は、これらの文字の組み合わせからラテン語の「VIVO＝生きている」の完了形、「VIXI＝生きていた＝死んだ」を連想するという。

イタリアのアリタリア航空の飛行機の座席には17列がない。フランスの自動車メーカーのルノーは、一九七一年から生産がはじまったR17というクーペ・タイプの車を、イタリアへはR177として輸出したほど、気がかりな数字だという。

【666】この数字も「666恐怖症」"Hexakosioihexekontahexaphobia"という症状名もあるほど、影響力のある忌み数である。『新約聖書』「ヨハネ黙示録」一三章一八節には、「火を天から降らせる」などしてこの世を支配する「獣」のしるしが666であると記されているため、これが悪魔や悪魔主義的なものを指す数字とされている。映画『オーメン』(一九七六年六

月二五日イギリス公開）は、二〇〇六年六月六日を選んで、リメイク版が世界同時公開された。ちなみに、二〇〇六年は日本の皇紀二六六六年である。

ところで、エジプトの首都カイロの南一六〇キロほどのところに、ローマ時代に栄えたオクシリンコスという町の遺跡がある。そこから通称「オクシリンコス・パピルス」とよばれているパピルス文書が発見されている。一八九〇年代に発見されていたこの文書には、初期キリスト教時代の黙示録が記されていた。今世紀に入って、あらためてこのパピルスを科学分析した結果、６６６の部分が６１６という数字であることがわかったのだ。これまでも６１６の文書があることは知られていて議論されてきたが、今回、三〜四世紀の古い時代の聖書片であることから、６１６のほうが信憑性《しんぴょうせい》が高いのではないかと発表されたのだった。しかし、６６６の三連の神秘的な数字を覆すまでのものではないようだ。

第二章　性についてのタブー

モーセ律法の性のタブー

タブーときいて多くの人がまず頭に思い浮かべるのは、性に関わることがらではないだろうか。それはタブーという語が、何かしら禁じられているがゆえの誘惑といったイメージを思い起こさせるからかもしれない。また私たちが、本能としての性的欲求と、後天的に植えつけられた性的モラルとのはざまでの葛藤を、身をもって知っていることもあるだろう。では、現代日本人にとって性のタブーとは、具体的に何を意味するのだろう。

性に関することはすべて口にするのもタブーという世代がある。一方で、強姦《ごうかん》や児童買春などの犯罪行為でなければ、個人の性的嗜好《しこう》にタブーはないと考える人びともいる。アダルト産業は多様な嗜好をもつ消費者のためにいろいろなジャンルをもうけているが、なかでもロリータ・コンプレックスと近親相姦には一般にひときわ強いタブー感がもたれるかもしれない。マスコミは性に関するある種の言葉や表現を自主規制している。性教育をタブー視する風潮は根強い。

性とタブーの問題はあまりにも裾野が広いのだが、ここではある種の行為が時代によって、また地域や民族によって重大なタブーとみなされたり、まったくタブーでなかったりする例を中心に集めてみたい。

唐突だが、まずは聖書をひもとくことになる。現代日本人が性のタブーを考えるのに、なぜ聖書からはじめるのか。理由は日本人の性に関する倫理感が開国前と後で大きく変わったからである。江戸時代、姦通は死罪とされるなど厳しい面もあったが、それでも性風俗に対する意識は今より相対的にゆるやかだったことは間違いない。時代をさかのぼって平安時代のおおらかさは、『源氏物語』を引き合いに出すまでもないだろう。もっとさかのぼれば神代の昔の物語は、あまたの性的エピソードに彩られている。

後に述べるが江戸時代においては、俗に弘法大師以来といわれる男色はほとんど「文化」の領域であり、江戸の湯屋は混浴が常態、七、八歳の少女が遊女見習いとして禿《かぶろ》などと称され、村落共同体では古来の夜這《よば》いの風習が連綿としてある。これら雑多な性風俗を西洋人の目を意識して払拭すべきものとし、家制度の徹底とあわせるために法の網をかぶせようとする意向が、明治政府による大改革の一隅にあったのである。

島国独自の性風俗が明治政府の掛け声でたちまち一変するわけもないが、ともあれ日本の指導者層は常に欧米の価値観の後追いをしてきた。さて、では欧米の価値観のおおもとは、というと、まずはキリスト教、聖書に触れざるを得ない。

『旧約聖書』の最初の五つの書、すなわち「創世記」「出エジプト記」「レビ記」「民数記」「申命記」はモーセ律法ともよばれる。「出エジプト記」に記された十戒では「殺してはいけない」の次に「姦淫《かんいん》してはいけない」の戒律が続き、イスラエルの民にとってそれがもっとも重要な掟《おきて》の一つとされたことがわかる（第二〇章）。以降、「申命記」でモーセが神の言葉を伝え終わるまで、祭祀《さいし》から人びとの日常生活まで非常にこと細かな規定が随所に列挙されている。「レビ記」には「二種の糸で織った衣服を身につけてはいけない」（第一九章）など一見、不思議な規定も少なくないが、「いとうべき性関係」（第一八章）については、おおむね明快だ。神はモーセに、イスラエルの民がかつて住んでいたエジプトの国の風習や、これから連れて行くカナンの風習に従ってはいけない、と前置きした上で、近親相姦や同性愛、獣姦《じゅうかん》などと並べて「人の妻と寝て、それによって身を汚してはいけない」と語る。そして姦淫は石打ちによる死刑と定めている。

ここで三つのことに注目したい。第一に、わざわざ禁止行為として強調し、罰則まで定めているのは、逆にこれらの性行為がごくありふれていたことのあらわれだろう。とくに近親相姦と姦淫については、後に述べるように、イエス・キリストにつながる系譜のなかにすら、それらにまつわる背徳の物語が織りこまれている。

第二にイスラエルの民に対して、他民族の悪しき風習に従わぬようにと強調しているが、これはたとえばエジプトでめずらしくなかった近親相姦などの風習と関係があるのかもしれない。タブーとされる行為は一般に、倫理的、道徳的価値観に基づくというより、みずからの共同体を他者から区別するための記号として機能するという論がある。他集団にみられるある種の行為を淫らなもの、不浄なものと決めつけ、我々はそれをおこなわないと宣言することで、おのずと他集団に対して優越性を覚えるということだ。モーセの時代、神に選ばれた民としてのイスラエルの人びとを他者より優位におくために、他民族の風俗である偶像崇拝や放縦な性行為に対する禁止規定が並べられたとも考えられるわけである。

第三に、「人の妻と寝て」はいけないのは「それによって身を汚してはいけない」からであって、「人の妻を辱めてはいけない」ではない。ただし、実際には身を汚さないためというより、娘は父親の、妻は夫の所有物だから手を出してはいけない、ということかもしれない。

さて、近親相姦、同性愛や獣姦については別に述べるとして、まずは姦淫のタブーについてみてみよう。モーセ律法の姦淫は、相手を「人の妻」としているので、いわゆる不倫という語におきかえてもよさそうだ。だが同じ『旧約聖書』でも「申命記」では姦淫について、相手が人妻の場合、婚約している処女の場合、婚約していない処女の場合、などと分け、さらに婚約している処女を力ずくで犯した場合は娘には罪はないなどと罰則についても細かく規定している（第二二章）。結婚によらない性交渉を総じて禁じているわけだが、ただしカナンの風習としてあった神殿娼婦や遊女、また女奴隷との行為に関しては明確な禁則はもうけられていない。

一方、『新約聖書』の「マタイによる福音書」によれば、イエスは「みだらな思いで他人の妻を見る者はだれでも、既に心の中でその女を犯したのである」と説いたという（第五章）。これをタブーとするなら、タブーをおかしたことのない人を探す方が難しいだろう。また「不法な結婚でもないのに妻を離縁する者はだれでも、その女に姦通の罪を犯させることになる。離縁された女を妻にする者も、姦通の罪を犯すことになる」というような表現で離縁を諫《いさ》めたことについては、マタイだけでなくマルコやルカの福音書にも記されている。

『旧約聖書』の背徳の物語

ところで、『旧約聖書』は神の掟を繰り返す一方で、さまざまな背徳の物語を記している。有名なところでは、古代イスラエル王国のダビデ王が家臣ウリヤの妻バト・シェバを見初めて、よこしまな手段で彼女を手に入れる話がある。

ある日、水浴中のバト・シェバを見たダビデは彼女を召し入れ床をともにするが、彼女が妊娠したため、戦場にいた夫ウリヤを呼び戻して妻のもとで休むよう命じた。ウリヤに妻のお腹の子がウリヤの子であると思わせようとしたのである。しかしウリヤが家に戻らず兵士たちとともに外で眠ったので、ダビデの計画は頓挫した。そこでダビデは、ウリヤを戦いの最前線に一人残して戦死させよ、と家臣に命じてウリヤを死に追いやり、バト・シェバを妻にしたという（「サムエル記下」第一一章）。後にダビデは自分の罪を認めるが、神が与えた罰はバト・シェバが最初に産んだ息子の命を奪うというものであった。ちなみにその後、二人目として生まれたのが知恵者として高名なソロモンだ。

別の話である。ダビデにはバト・シェバのほかにも複数の妻がいた。ある時、息子の一人、アムノンは異母姉妹の処女タマルを力ずくで辱める。それを知ったダビデは激怒するものの、アムノンに対して特別の罰は与えていない。神もまた、姦淫と近親相姦という二重のタブーをおかしたアムノンを罰してはいない。代わりにタマルの兄アブサロムが二年後にアムノンに復《ふく》讐《しゆう》し、さらに後年、父ダビデ王に対してクーデターをおこすことになる。

さてタマルという女性名は、時代をはるかにさかのぼって「創世記」にも登場する。早くに夫を亡くして実家に戻されたタマルは、一計を案じて娼婦のなりで舅《しゆうと》ユダをだまし、ユダの子どもを身ごもるという物語である。ユダは嫁が姦淫によって身ごもったと知り、「あの女を引きずり出して、焼き殺してしまえ」と言うが、交わる時に保証の品としてユダの印章などを預かっていたタマルはそれをユダに示したので、ユダはタマルを認めるのである。

この物語の背景には、寡婦は亡夫の兄弟と再婚するレビレート婚という慣習がある。タマルの夫には二人の弟がいたので、夫の死後、上の弟オナンがタマルと交わって子孫を残すはずが、オナンは兄の跡継ぎのために子種を与えるのを嫌って「兄嫁のところに入る度に子種を地面に流した」(「創世記」第三八章)。オナンは要するに避妊のために膣外《ちつがい》射精をおこなったわけだが、これは神の意に反することだったので、オナンは神に殺される(彼の名に由来するオナニー、オナニズムは後に自慰の意に転じた)。息子を二人失ったユダは末の息子まで失うことを恐れ、タマルを末の息子に与えずに実家に帰したのである。

このような事情のため、神殿娼婦の真似をして舅の子を身ごもったタマルに神は罰を下しはしないし、ユダもタマルが正しいと認めざるを得なかった。「創世記」はモーセ律法で神が姦淫を戒めるよりはるかに昔の話として設定されているが、身ごもったタマルを「焼き殺してしまえ」とユダが言っていることから、モーセ律法より前の時代でも姦淫は重罪だとみなされていたことがわかる。ちなみにモーセ律法では、「嫁と寝る者は両者共に必ず死刑に処せられる。

この秩序を乱す行為は死罪に当たる」（「レビ記」第二〇章）とある。だがタマルのエピソードには、姦淫のタブーをおかす罪に目をつぶってでも子孫を絶やさないことを優先するという発想がみてとれる。ダビデとバト・シェバも、ユダとタマルも、イエスの直系の先祖である。

イスラエルの民にとっては、子孫を残すこと、それもできるかぎり家系が混乱しないように継承者をはっきりさせるやり方で民を増やしてゆくことが最優先だったのだろう。モーセ律法の数ある戒めのなかでも近親相姦と姦淫についてこと細かく規定しているのは、これらの行為が非道徳的であるというよりも、部族社会の秩序を保ち、家系の混乱を防ぐことに主眼がおかれているからだと考えるとわかりやすい。また先にも書いたように、妻や娘は家父長の所有物とみなされていたことも大きく関係しているだろう。

さて、『新約聖書』からも姦淫にまつわるよく知られたエピソードを一つ取りあげる。「ヨハネによる福音書」（第八章）によれば、イエスはある時、姦通の現場で捕らえられて衆人の前に連れてこられた女を、モーセの律法に従って石で打ち殺すかどうかと律法学者らに問われて、「あなたたちの中で罪を犯したことのない者が、まず、この女に石を投げなさい」と答えたという。これを聞いた者は一人、また一人と立ち去った。このエピソードも含め、『旧約聖書』の時代からイエスの教えにいたるまで、姦淫は厳しく戒められはしても、おかせばたちまち天罰が下るような絶対的なタブーではなかったことがわかる。

　ユダヤ人の一神教の考え方は後にユダヤ人の共同体を離れてキリスト教として膨れあがってゆく。それがヨーロッパに浸透する過程で、姦淫をはじめ教会により「背徳の」と決めつけられたもろもろの性行為が、男性支配社会に都合のよいかたちで、厳罰をともなう重罪として固定されてゆくのである。

売春

　西洋文明はヘブライズム（ユダヤ＝キリスト教）とヘレニズム（古代ギリシャ）を二本の柱とするが、どちらにもきわめて男性中心的な観念がよこたわる。たとえばエデンの園で女が禁断の果実を食べたことに象徴されるように、女は男を誘惑し堕落させる罪深い存在であると決めつける。男の所有物とする娘や妻に対しては純潔や貞操を強く求める一方で、一夫多妻の制度や、内妻や女奴隷との関係は容認される（『旧約聖書』のなかで一夫一婦制を貫いたのは、アブラハムの息子イサクとその妻リベカだけである！）。また男性中心的な社会では、姦淫の戒めはほぼ一方的に処女や人妻に対してのみ厳しく課せられ、一方で、娼婦の存在はいわば必要悪として聖職者ですら黙認する。

実際、社会が女性の貞操を重視し、また娘や妻を家庭のなかに閉じこめようとするほどに、その社会の周辺に追いやられてしまった境遇の女性にとっては、生きるための手段として性を売る以外に選択肢がなくなる。だが需要があるから娼婦が存在するのだ、とは男性中心の社会からは考えられることはない。なぜなら彼らにとって、女は生まれながらにして罪深い存在だからである。

女性は貞潔でなくてはいけないが、娼婦や愛人は別。男性にとってまことに都合のよいこのダブルスタンダードはインドや中国にも顕著で、別にヘブライズム、ヘレニズムに限ったことではないが、ともかくもこの二つの思想が底流となって西洋の文化をいつも内側から揺さぶってきた。では、売春や娼婦はタブーだったのか、タブーではなかったのか。

古代ギリシャではアテナイが栄えていた頃、ヘタイラ（本来は「仲間」の意味）と婉曲《えんきょく》に称される高級娼婦からポルナイとよばれる一般の娼婦まで、さまざまな名称と立場の娼婦がいたことが知られている。ひと口に古代ギリシャの風俗といっても、たとえばスパルタの風俗とアテナイのそれをひとくくりにすることはできないが、少なくともアテナイでは、市民の妻としての女性は子どもを産み家を守る役割しか期待されていなかった。そして市民が妻との性行為で互いに快楽を求めることは、タブーとはいわないまでも、あまりまともではないと考えられていたようだ。となれば、娼婦の需要が多かっただろうことも容易に想像がつく。古代ギリシャ七賢人の一人に数えられる政治家ソロンはアテナイにさまざまな制度改革を導入したが、伝えられるところでは初めて公営の娼館をもうけて税金を徴収したのもソロンだという。

ギリシャのヘタイラは容姿だけでなくさまざまな技芸や知性を誇っていた。ギリシャ市民は妻相手では満たされない性的、知的快楽を与えてくれるヘタイラを、高く評価していた。そのためヘタイラは、一般の娼婦とは違って、ある程度、独立した女性として社会でも重要な位置を占めていたようだ。アテナイやコリントスなどのポリスでは、少なくとも高級娼婦に限ってはその存在はタブーではなかった。

ちなみに軍事都市国家スパルタは非常に特殊な社会で、結婚は健康でたくましいスパルタ人を増やすことが目的であり、子宝に恵まれやすい女性はとくに夫の兄弟と「共有」されたり、親戚、友人に「貸しだされる」こともあったという。つまり姦通はタブーとはいえず、逆に売春のように生殖を目的としない性行為こそタブーだったと考えられる。

ローマ社会では、アテナイなどと違って高級娼婦も下級娼婦も一様に社会的地位は低かったようだ。時代にもよるが、ローマ市民の妻たちはギリシャの女性よりはるかに自由で、町なかに出向いて社交を楽しむ自由があった。その分、婚姻外の性行為も多かったと思われる。もち

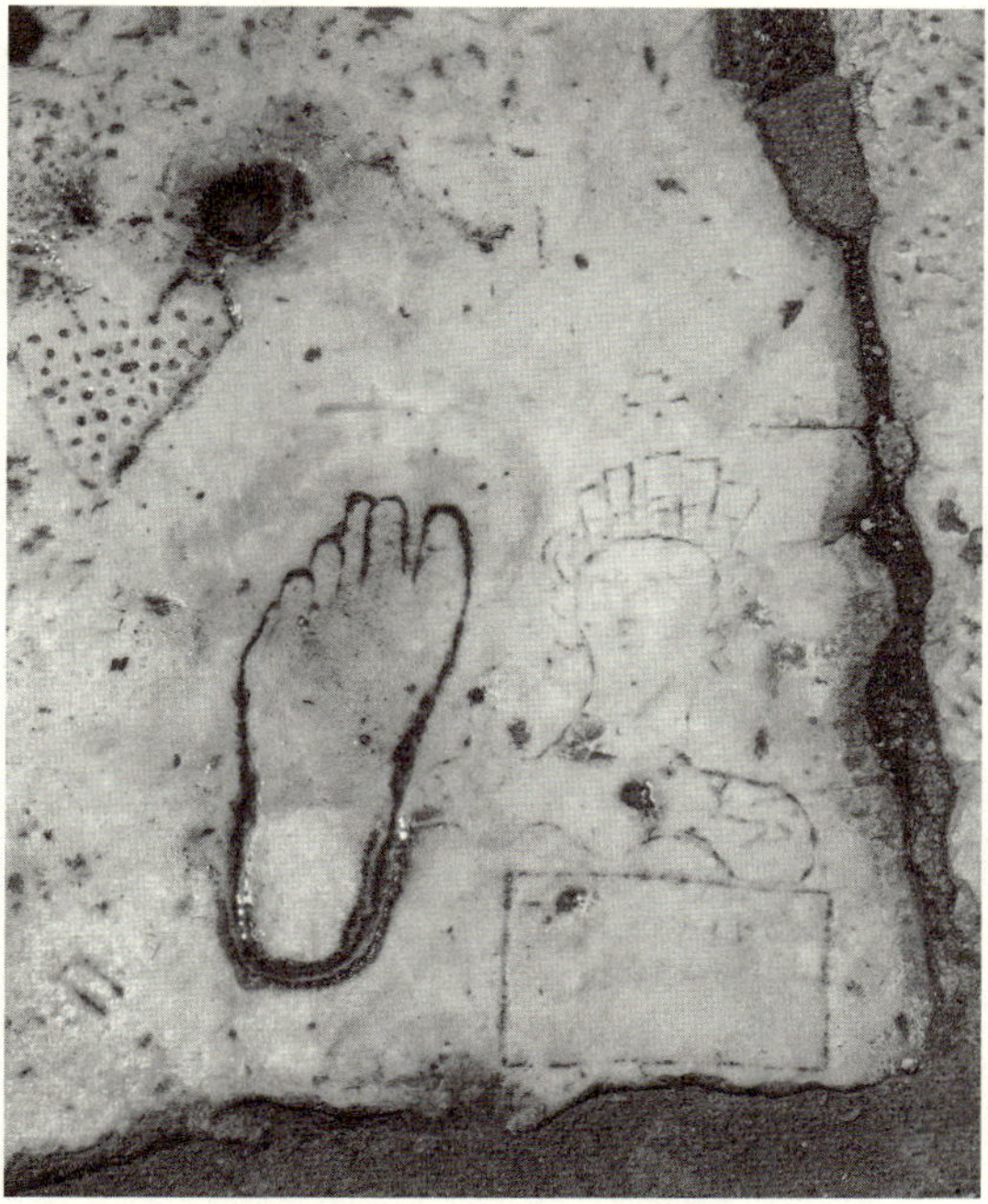

娼婦の館の方向を示すギリシャ時代の路上の彫り物

トルコ、エフェソス遺跡

ろんローマでも姦通は大罪だったが、にもかかわらず風紀の乱れは著しかった。とくに帝政初期の退廃ぶりは、カリグラやネロなど「悪名高き皇帝たち」の名前を思いだすだけでも想像がつくだろう。それでも、不品行の責めはやはり一方的に女性に負わされるのだった。第四代皇帝クラウディウスの皇妃メッサリナが、みずから売春宿に通うほどの淫乱ぶりで知られていたことも、娼婦全体、ひいては女性という存在をおとしめるのに一役買っていたかもしれない。

なお、現代の感覚からすれば非常に奇妙な風習に思えるのだが、神殿娼婦（神聖娼婦）という存在について付け加えておく。シュメールから古代ローマまで、地域でいえばインド、中東各地、エジプトやギリシャほか地中海地域に、巫女《みこ》のように宗教的な意味づけのなされた娼婦がいた。寄進者や参拝者を相手にした神殿での性行為は神々への崇拝あるいは神々と交わることと考えられていたからだ。またバビロニアの女性は一生に一度、イシュタル神殿で売春をしなければならなかったと伝えられているが、これは一種の通過儀礼といえる。

このような制度をもつ社会では当然、神殿娼婦は本来はタブーではなかったのだろう。『旧約聖書』では、神は神殿娼婦や神殿男娼になることを民に禁じている（「申命記」第二三章）が、それはいかがわしいからというよりも異教徒の風習だからという理由によるようだ。ただし史料にこと欠かないローマの事例をみる限り、快楽と商売の結びつきがキリスト教を受け入れた後も大手を振ってまかり通っていたようでもある。

　さて、娼婦の存在は長い歴史を通じて絶えることはなかった。ギリシャのヘタイラのイメージは、時と場所を越えて一九世紀パリの「椿姫」に象徴される高級娼婦の姿に重なる。現代のヨーロッパにすら、ギリシャやローマの下級娼館を足抜けできない異国の女奴隷とさほど変わらない境遇の、アジアやアフリカ出身の女性たちがいる。

　中世キリスト教社会では、婚姻外の性行為の罪は女性ばかりでなくそれに関わる男性の問題ともとらえられる視点も生まれていたが、姦淫と売春ははっきりと区別されていた。一三世紀の聖職者トマス・アクィナスは、「姦通はれっきとした罪だが、売春は絶対に禁じなければならぬものでもない」という説をとっていたようである。彼は売春を宮殿のなかの下水溝にたとえて、「下水溝をとり除いてしまえば、宮殿は汚物にまみれてしまう。同じように、売春を追放すれば、世の中は『ソドミー（男色、獣姦）』をはじめいろいろな罪業であふれてしまう」と考えていたようだ（『売春の社会史』）。要は「必要悪」ということである。

　限りなくタブーに近く、日の当たる社会では決して認められない、だが現実には一掃することのできない娼婦という存在に対して、教会は最終的に神が赦《ゆる》すというシナリオを提示してきた。イエスの死を見届け、復活に立ち会ったマグダラのマリアは一般に、『新約聖書』の別の箇所に登場する「罪深い女」と同一人物であると考えられてきたが、これはカトリック教会の解釈によるところが大きい。ちなみに正教会ではこのような同一視はしていないし、カトリック教会でも近年は見直し論がある。世界的なベストセラーとなった小説『ダ・ヴィンチ・コード』によって、マグダラのマリアがイエスの伴侶だったという仮説も広く知られるところとなった（こうした「異端」の説は今日のキリスト教社会でもタブー扱いなのはいうまでもないが）。

ともかく、もと娼婦であったとはどこにも明記されていないにもかかわらず、マグダラのマリアは悔い改めた娼婦の守護聖人とされており、彼女を描いた美術作品は数多い。ほかにも悔《かい》悛《しゅん》する娼婦の伝説はいくつも知られており、アナトール・フランス原作でマスネーがオペラ化した「タイス」など、そうした伝説を題材にした芸術作品も少なくない。先に引き合いにだした「椿姫」は、神に懺《ざん》悔《げ》するかわりに、真実の愛に目覚めて虚飾を捨てる娼婦の物語だが、このようなテーマも広く好まれてきた。ちなみにこの作品はヴェルディのオペラで有名だが、原作者のデュマ・フィスは自身の体験をもとにこれを書いたとされる。

オペラ「椿姫」が聴衆に受け入れられる一方で、その初演から一〇年後の一八六三年、ベッドに横たわる娼婦を描いた一枚の裸体画が大論争を引き起こす。それまで裸体画といえば神話や伝説を題材にするのが一種のルールだったのが、画家マネは現実の高級娼婦をそれとわかるように描くことでタブーを破ったのだった。この「オランピア」という作品はルネサンス期の画家ティツィアーノによる「ウルビーノのヴィーナス」の構図を借用したとされるが、実はその裸体画や、同じ画家による「懺悔するマグダラのマリア」などの方が、マネの作品よりはるかに官能的に描かれている。マネの「オランピア」は同時代の娼婦を描いたということだけで糾弾されたわけだが、ともかくその事件一つとっても、「悔悛しない」現実の娼婦は一般社会ではタブー扱いだったことがわかる。

一九九〇年のアメリカ映画『プリティ・ウーマン』は、ジュリア・ロバーツ演じる娼婦がリチャード・ギア演じる青年実業家と恋に落ちる単純なコメディだが、二人でオペラ「椿姫」を観に行ったり、ラスト近くでそのアリアが流れるなど、娼婦をヒロインとする名作をうまく取りこんでいた。アメリカでも現実の娼婦という存在は限りなくタブーに近いが、美しくひたむきな女性は、たとえ道を踏み外したとしても、そのひたむきさによって最後は救われるという古来のパターンが、少なくともスクリーンの中では今なお踏襲されているわけである。

近親姦・近親婚

ひとくちに近親姦・近親婚といっても、どこまでを近親ととらえるかは、民族、文化によってさまざまである。ヨーロッパでは中世以来、カトリック教会が結婚を禁じる親族の範囲を非常に広く規定してきた。そのため、いとことの結婚は、ほとんどタブーの領域に近いと感じる欧米人が多いのである。

近親姦のタブーのことをインセスト・タブーというが、これは数あるタブーのなかでもとりわけ長く研究者らの頭を悩ませてきた問題である。心理学者、社会学者、人類学者、民族学者などがさまざまな観点からインセスト・タブーの理由について論じてきたが、その謎は今なお解き明かされたとはいえない。

食と性のタブーについての理論をかみ砕いて紹介する山内昶《ひさし》著『タブーの謎を解く』の前文には、「太古以来、近親相姦禁忌《インセスト・タブー》をもたない社会は人類史上存在しなかった」とある。私たちは親子、きょうだい間の性行為の禁忌は当たり前で普遍的であると考えがちだが、それは間違いだ。後に述べるように、母子相姦が禁じられていない社会は実際に存在する。ただし、そこでも無制限な乱交が行われているわけではない。右の一文は、「むろんその内容は千差万別だけれど、」に続いている。つまり、どのような社会もインセストについて何らかのルールを定めているという意味である。

ふたたび、聖書に話をもどす。「レビ記」は近親姦についてまず、「肉親の女性に近づいてこれを犯してはいけない」（第一八章）と前置きした後、母、父の妻、姉妹、孫娘、おば、おじの妻、息子やきょうだいの妻などの近親者との交わりを禁じている。

一般にインセスト・タブーは、子孫を残す上で遺伝的に悪影響があるからと考えられがちだ。しかし、遺伝に関する知識の普及は歴史のうえでつい最近のことといえる。エジプト、メソポタミアなどの古代文明の豊富な経験を知り得た聖書の民は、近親交配のデメリットを知っていたとも考えられるが、たとえば「レビ記」で禁じられる男とその息子の嫁との関係などは直接の血縁ではないのだから、遺伝の問題ではないだろう。となると、先に述べたように「レビ記」のようなタブーは家族関係の混乱を避けるためのルールではないかと推測されるわけだ。

ところが、インセスト・タブーの問題は、そのような単純な図式では説明しきれない複雑にこみ入った様相をたくさん含んでいるのである。ほんの一例だが、交差いとこ（異性のきょうだいの子ども同士）の結婚は許され、平行いとこ（同性のきょうだいの子ども同士）の結婚は許されなかったり、その逆のルールがあったりと、合理的な説明の難しいタブーをもつ社会が数多く知られているのだ。

さて、『旧約聖書』のように人類の祖を一組の男女とするからには、限りなく近親婚を繰り返さなければ子孫は増えない理屈である。アダムの系図や大洪水の後のノアの系図には男子の継承者の名が連なるばかりだが、その後の物語には近親婚とわかる記述がいくつか含まれている。

たとえばユダヤ人の祖アブラハムはある時、その妻サラについて、「わたしの父の娘ですが、母の娘ではないのです。それで、わたしの妻になったのです」と述べている（「創世記」第二〇章）。アブラハムの兄弟ナホルは、別の兄弟の娘、つまり姪《めい》のミルカを妻としている。

またアブラハムの甥《おい》でミルカの兄弟のロトは、娘二人と山中の洞穴に住むことを余儀なくされるのだが、子どもを生むためには父の子種をもらうしかないと判断した娘たちが父をぶどう酒で酔いつぶして交わる。娘たちは一人ずつ男児を生んだという（「創世記」第一九章）。「レビ記」で延々と近親姦が戒められるのは、もちろんはるか後の時代の設定であるが、ロトの二人の孫は後にイスラエル人と敵対する部族の先祖とされる。

このように、世界の成り立ちを説く神話の世界にインセストのエピソードが多いのは、当然といえるだろう。エジプトのオシリスとイシスは兄妹であり夫婦であった。ギリシャの大地の女神ガイアは息子ウラノスを夫とした。そのような話は世界各地、枚挙にいとまがない。日本でもイザナギとイザナミはともに生まれたとされるから兄妹である。

日本の国産みの物語では、イザナギとイザナミの間に最初に生まれた子はヒルコとよばれ葦《あし》舟《ぶね》で流されてしまう。二番目に生まれた子も、子の数には入れない。これは交わる時に女のイザナミから誘ったのが良くないからだ、ということでやり直すのだが、ヒルコが生まれたのはきょうだいで交わったためという見方もある。余談だが、ヒルコは国産み神話では二神の子の数には入れないとされるものの、民間信仰でよみがえる。七福神の一柱えびす神がそれである。

さて、神話を編んだ権力者側の世界では、神々の世界で許されるインセストを、現実世界へと正当に結びつける傾向もみられる。順序からすれば、権力者側がインセストによる血筋の正統性を強調するために、都合のよいように神話を編んだというべきか。むろん「高貴な一族」が近親婚を繰り返すのは、「純血」信仰のためである。

たとえばインカの創世神話にはいくつかのヴァージョンがあるが、その一つでは、太陽と月との間に生まれたマンコ・カパックとママ・オクリョは兄妹であり夫婦でもあった。マンコ・カパックはインカ帝国の前身クスコ王国の初代国王となったとされる。そしてインカ帝国ではきょうだい婚は禁じられていたにもかかわらず、建国の祖にならって貴族に限っては兄妹婚が禁止されていなかった。

古代エジプトでも、ファラオが姉や妹を妻とすることは一般的だった。ハトシェプスト女王葬祭殿に名を残すハトシェプストと夫トトメス二世はともに先代トトメス一世を父とする異母姉弟である。古代エジプト最後の女王クレオパトラ七世が弟のプトレマイオス一三世、次いで一四世と結婚したのは有名だが、父王プトレマイオス一二世とその妻クレオパトラ五世もまた兄妹の関係にあった。

イザナギ・イザナミ神話の日本でも、異母兄妹の結婚は問題なかったことが記紀をはじめとする史料により知られている。有名なところでは、聖徳太子の父母はともに欽明《きんめい》天皇を父とする異母兄妹だったとされる。また聖徳太子の息子の一人、山背大兄王《やましろのおおえのおう》もやはり異母兄妹を妃としている。おじやおばとの結婚はさらに一般的だったようで、これは平安時代の皇室と藤原氏との関係のなかにも多くみとめられる。

以上のような神話や記録からも類推できるように、きょうだい間やおじ・めい、おば・おい間の結婚が許されていた社会は決して少なくない。とくに一夫多妻がふつうで子どもが母系の家庭で育てられる社会では、別々の家庭で育つ異母きょうだいは互いに肉親という感覚をもちにくいため、インセストとはみなされないことが多かったとも考えられている。

一方、母と息子、父と娘の結婚や性関係が許される社会、奨励される社会も、割合はずっと減るが、存在していた。『タブーの謎を解く』には、母と息子の許婚ではイヌイット、父と娘との許婚ではビルマのカレン族などの名前があげられている。

婚姻制度と一時的な性関係は分けて考えなければいけないが、在野の民俗学者、赤松啓介によれば日本のムラでも明治くらいまでは、場合によっては母親と息子が交わることもあったそうである。これは若衆入りする男たちを一人前にするために、後家集団がいわば性教育としておこなう「筆おろし」の習俗による。後家と若衆の組み合わせをクジで決めれば、狭いムラのことだから肉親同士があたることもあるが、それはそれで容認されたようである（『夜這いの民俗学』）。

母親と息子の関係はインセスト・タブーのなかでももっとも忌避されるものと私たちは当たり前のように考えるが、もしかしたらそれもまた、西洋の価値観が刷りこまれてきたことによる思いこみかもしれない。異母兄妹が夫婦であったり、娘が父の子種をもらったりする物語を含む『旧約聖書』にも、さすがに母と息子のインセストは出てこない。ギリシャ神話で父とは知らずに父を殺し、母とは知らずに母を娶《めと》ったオイディプス王の悲劇はあまりにも有名だ。欧米人がこの関係を汚らわしいものと考えてきたことは、わざわざ神話をひもとかなくても、「マザーファッカー」のような俗語一つをとっても理解できよう。

西洋人がかつて「未開」とみなしてきた個々の社会の複雑なインセスト・タブーを、二〇〇九年に一〇〇歳で他界した思想家レヴィ＝ストロースは、族外婚をうながすためのしくみであると考えた。族外婚によって、異なる集団との社会的関係を緊密にすることが、理にかなうという意味である。

ちなみに日本ではいとこ同士の結婚は法律的には問題がないが中国にはかつて「同姓不婚」の制度があり、違反者に対する刑罰もあったため、中国人はいとこ同士のカップルに強い忌避感を覚えるという。

欧米人の多くがいとこ婚をタブーと感じるのはカトリック教会が定めたカノン法（教会法）で禁じられているからで、アメリカでは半数ほどの州がいとこ婚を法律で禁じている。ところが歴史的にみると、ヨーロッパの王侯貴族の間ではこのタブーは有名無実になっていた。例をあげればきりがないが、たとえばフランスの「太陽王」ルイ一四世と王妃で元スペイン王女のマリー・テレーズはいとこ関係にあった。お国の事情、お家の事情で政略結婚が繰り返されたヨーロッパ諸国の王族・貴族の縁戚関係はたいへん複雑だった。タブーというのは、もうけられるのも、それがおかされるのも、どうやら集団社会のご都合次第という一面もあるようだ。

月経と出産

さて、月経や出産による出血に関わるタブーである。まず、生理中の女性や出産後ある期間内にある女性は、聖なるものや空間との接触を禁じられる。インドや東南アジアのヒンドゥー寺院や仏教寺院では、現在も生理中の女性の参拝は明確なタブーであり、供物を捧げたり用意することが禁じられることもめずらしくない。

日本でも生理中の女性は社寺の参拝がタブーだった長い歴史があるが、現在では宮中儀式や、女性神主、巫女の職務などに制限が残るくらいだろう（生理中であるかないかにかかわらず、女性の接触を禁じる例については、鈴木正崇『女人禁制』参照）。ただし制度として禁じられてはいなくても、生理中は鳥居をくぐらない、仏壇や神棚へのお供えをしないといった風習は今も細々ながら残っている。

生理中の女性に、食物や食器に触れることを禁じる社会も非常に多い。

英国の人類学者ジェームズ・フレイザーが未開社会の呪術や神話などを比較研究してまとめた『金枝篇《きんしへん》』によれば、ウガンダでは分娩《ぶんべん》や月経で穢れている間の女性が触れた鍋は、壊してしまうことになっているという。またアラスカのエスキモーの人たちは、出産する女性が使った食器は、まじないで清めない限り他人はそれを使わなかったそうだ（『図説金枝篇』上）。この大著がまとめられたのは一九世紀末から二〇世紀前半にかけてのことだが、インドでは今も、出産があった家で料理されたものは食べてはいけない、などのタブーが残っている。

穢れがうつらないように、生理中や分娩時に当事者が家族と離れるという風習も、かつては広くおこなわれていた。地域でいえば北米、ミクロネシア、メラネシア、オーストラリア、東南アジア、ヒマラヤ地方、南アフリカなどに、そのような習慣をもっていた先住民族がいたことが知られている。そして世界には今も、人の居住域と家畜小屋がつながっているところは少なくなく、そうした環境では、家畜のそばで人が出産することがおこなわれている。

日本では、生理中の女性が月小屋、忌屋《いみや》、タヤ、他火小屋《たびごや》などとよばれる小屋にこもる風習が各地にあった。また出産の折には産気づいてから産後しばらくを産小屋《うぶごや》で過ごした地方もある。福井県敦賀半島に残る県指定文化財の小屋は、昭和三〇年代まで使用されており、出産見舞いのことを「小屋見舞い」という言い方もその後しばらく残っていた。月経や出産は赤不浄といわれ、この時期の女性は家族と同じ火で煮炊きすることを避けるのが主な理由だったとされる（月経を赤不浄、出産を白不浄と分けていうこともある）。とくに敦賀の海沿いの地方では、後で触れるように漁師の家が多く、「不浄」を遠ざけることが肝心だった。

一方でこのような風習には、家事労働に適さない時期の女性にとって休息の場という面もあったようだ。また、とくに出産に関しては、「穢れではなく、産神を迎えてその加護を得て産む神聖な行為であるという意識も強かった」（『女人禁制』）という。

産小屋（出産共同施設）

建物は中央で生理部屋と分娩部屋に分かれており、入口も２つある。生理期間もここで暮らすことになっていた。1964 年まで使われていた。

内部にはかまどなどの設備もあり、食べ物や着替えは家族の者が運び入れた。分娩部屋の梁からは力綱が下がり、柱には鬼子母神が祀られていた。下は砂地で、古くはわらなどを敷いて出産にのぞんだこともあったという。

福井県敦賀市色浜

（写真上：松本清、下：敦賀市教育委員会）

不浄と労働との関係でいえば、生理中の女性はたとえ煮炊きは禁じられても、農作業などは免れないことが多かった。一方、漁村では生理中の女性が浜に出たり漁具に触れたりすることはタブーとされてきた。赤不浄のせいで海が荒れたり不漁になるのを漁師たちが恐れたからで、出産直後、その家族は漁に出ないという習慣も広く知られている。

世界的には、狩猟民族が槍《やり》などの道具に生理中の女性が触れることをタブーとする例も少なくない。狩猟・漁労は常に危険と隣り合わせで、しかも勝負事に似て成果のあるなしがはっきりしている。縁起担ぎや忌み事が多いのは当然といえるだろう。

生理中の女性との性行為については、これをタブーとすることがキリスト教やイスラーム、ヒンドゥーなどの経典に組みこまれている。わざわざ禁じられなくても、血液への生理的嫌悪感などから、この種の行為を忌避する人は多いだろう。

だが、『古事記』にはヤマトタケルがミヤズヒメの衣の裾に月経血がついているのをみて、それを大らかに歌に詠み交わした後、褥《しとね》をともにするくだりがある。そこから、『古事記』の時代は少なくとも月経そのものはタブーではなかったことがわかる。また生理中にかかわらず二人が交わったことについては、禁忌を破ったのでその後、ヤマトタケルは死にいたったとする解釈と、逆に生理中だからこそ交わったのだという説がある。実は世界各地に、月経の日に交わると子ができるという俗信がみられるのだそうだ（『世界の神話をどう読むか』ユリイカ第二九巻第二号）。

以上のような血の穢れの思想とそれにまつわるタブーは、男性中心社会につきものといってもよい。それは女性特有の生理現象に対する男性の恐怖に基づくなどと説明される。逆にいえば、母権の強い社会や女性が祭祀を司《つかさど》る社会には、この種のタブーは少ない。例として、琉球諸島の女性に月経のタブーがあまりみられないことが、よく引き合いに出される。

なお、女性労働者の生理休暇を法制化したのは日本が初めてである。戦前から『女工哀史』に象徴されるような苛酷な女性労働者に制度的な保護を求める運動があり、戦後の一九四七年、労働基準法の一条として結実したものだ。同様の制度はほかにインドネシアと韓国くらいしかないという（『生理休暇の誕生』）。日本の生理休暇は戦前からの女性運動家らが勝ち取った制度だが、一方でこれを、生理中の女性を隔離するという古来の発想とつなげたり、母性保護という美名のもとで女性を一人前の労働者とみなさない差別のあらわれではないかという指摘もある。

血を流す女は穢れている?!

『旧約聖書』の「レビ記」は月経について、「女性の生理が始まったならば、七日間は月経期間であり、この期間に彼女に触れた人はすべて夕方まで汚れている」(第一五章)としている。そして、生理期間中の女性が使った寝床や腰掛けも汚れているので、それに触れたら衣服も身体も水で洗って清めるようにと続ける。

紀元前二世紀から紀元二世紀にかけて成立したとされるインドのマヌ法典は、バラモン(最高位の階層)は生理中の女性の触れたものを口にしてはいけないとし、生理中の女性を、最下層民、カーストの転落者、産褥《さんじょく》中の女性、死体と列挙して、これらに触れた者は沐浴《もくよく》によって清められる、と説く。

古代ローマの博物学者で政治家のプリニウスは『博物誌』のなかで、女性の月々の下り物について、これでもかというくらい不吉さをあげつらっている。

「それに触れると新酒が酸化し、それに触れた作物は成熟しない。接穂は枯死し、園圃《えんぽ》の種子は乾上《ひあ》がる。木々の果実は落ちる。明るい鏡はそれを写しただけで雲り、鋼鉄の切り口も象牙のつやも鈍る。ミツバチの巣も死ぬ。青銅や鉄もたちまち銹《さび》にとりつかれ、恐ろしい臭気が空

中に充満する。それを舐《な》めるとイヌは発狂し、毒が染みこんで、それに咬《か》まれると治らない」（『プリニウスの博物誌』第七巻）

時代は紀元一世紀のことだ。月経のメカニズムを知る現代人の感覚ではおよそこっけいとしかいいようがないが、ヨーロッパのキリスト教徒は聖書の教えのみならず、プリニウスの信じたような迷信による月経への恐怖を、近代までひきずってきた。

では日本ではどうか。実は不吉さでもこっけいさでもプリニウスをはるかに超える内容の「トンデモ経」がある。名を、血盆経《けつぼんきょう》という。これは遅くとも室町時代までに大陸から伝来した経が日本でかたちを変えたもので、インド伝来ではなく中国で生まれた偽経との説もある。

日本の血盆経は数種類あるが、おおむね女は生まれながらにして業が深く、月水（経血）と出産の時の出血で神や仏を汚すため、死ねばみな血の池地獄へ堕《お》ちるのだと説く。経であるからには、これを唱えれば地獄から逃れられると、最後には救済へ導いている。だがその地獄たるや、血の池に沈めば大きなくちばしの虫どもに肉を食われ、岸へよれば鬼が待つ、血を丸めたのが食事代わり、血が水代わりと、すさまじい脅しで形容される。このような経が和讃として、昭和の時代まで女人講などで唱えられていたという。

ともかく、浄・不浄の観念のあるところ、血の穢れとそれにまつわるタブーがあるといってよい。卑弥呼《ひみこ》や天照大神《あまてらすおおみかみ》の例を考えれば明らかだが、日本でも古代には女性を不浄とする観念はなかった。だが、女性蔑視の思想を含むインド発祥の仏教の影響下、次第に浄・不浄の思想が神事、神道と結びつく。

九世紀の初め頃から一〇世紀にかけて、いわゆる三代格式《きゃくしき》が成立するが、そのあたりから血の穢れを死と同様に忌み嫌うようになったことが、これら法令集からうかがえる。九二七年（延長五年）に完成した『延喜式』では人や家畜の死と出産を穢れとし、また懐妊中の女性や月事（月経）中の女性も斎場には近づけないとしている。

ただし、この頃はまだ、血の穢れは一時的なものであって、女性の存在自体が穢れとされていたわけではない。その後、仏教の普及や封建的な家父長制度の確立とともに女性そのものがおとしめられてゆくのである。

女人禁制——海も山もオーケストラも

二〇一六年八月二日、第九八回全国高校野球選手権大会の甲子園練習でのこと、大分代表の私立大分高校の女子マネジャーがグラウンドに入り、大会関係者から制止されたということがニュースになった。一九九六年に甲子園のベンチに女子の記録員が入ることが許されるようになったが、グラウンドに出ることが、タブーだったことが明らかになった事件だった。

同じようなことは日本だけではない。二〇〇八年五月のこと、ギリシャの「女人禁制」の聖地アトス山にモルドバ人女性四人が知らずに足を踏み入れたという事件が報道された。女性たちは人身売買業者によってトルコから船で連れ去られ、エーゲ海に突きでているアトス半島に置き去りにされたという。ギリシャの法律ではアトス山への女性の立ち入りに対して最長二年の禁固刑もありうるそうだが、事情が事情だけにこの女性たちはおとがめなしだった。

およそ二〇〇〇人の正教会の修道士らが修行に明け暮れるアトス山は、ギリシャ共和国内にあって自治が確立されている。一五世紀初頭より女人禁制を貫いており、ネコ以外は家畜の雌も入れないという徹底ぶりだ（ネコはネズミ対策に特別に繁殖が期待されてきたという）。

さて女人禁制とは、女性の立ち入りに対するタブーを、主に「僧の修行の障害になるとして、女子の山内に入るのを禁ずること」（『広辞苑』）の意味で言い表してきたことばだが、もちろんそんな単純な説明だけですむものではない。

アトス山もそうだが、仏教や修験道の修行の場である霊山ならば、修行のさまたげになるからという理由も納得されるだろう。また、厳しい自然と向き合ったり肉体を酷使するような仕事場や集団労働に女性が混じれば、作業効率が下がったり危険がもたらされることもあるだろう。

だが日本の女人禁制は、社寺への参拝や祭礼への参加をはじめ、暮らしと一続きの場、空間にもうけられていた。現在、その多くは解除されて久しいが、かつて女性の立ち入りがいっさい禁じられていた場は少なくなかった。

女人禁制というと必ず取り沙汰されるのが、大相撲と大峯山《おおみねさん》である。伝統だ、いや女性差別だと、女人禁制を守りたい側、解除したい側が繰り返し議論を繰り広げてきた。女人禁制のシンボルのようなこの二つの事例については後の項で記すとして、ここでは欧米の事例も含めて、女性の立ち入りに関するタブーを拾い集めてみたい。

たとえば日本では長い間、猟師にとっては山が、漁師にとっては海が女神の領域であるとして、女性の立ち入りが拒まれてきた。とくに山の神は嫉妬深い女神であると考えられていたため、マタギは山に入る前には妻と交わらず身を清めるなどのしきたりがあったという。

海の神としては玄界灘の守護神とされる宗像《むなかた》三女神がよく知られており、そのうちの一柱、田心姫神《たごりひめのかみ》を祀《まつ》る福岡県の宗像大社の神領、沖ノ島は現在も女人禁制がかたく守られている（男性は五月の大祭の時に限って、選ばれた人たちの参拝が可能だったが、二〇一七年に世界遺産に登録され、原則として一般人の立ち入りは禁じられることになった）。

漁師はまた、船に宿って航海安全を護る船霊様《ふなだまさま》を信仰するが、これも女神であるため、船には女性を乗せないとか、新しく建造した船に女性は触ってはいけないなどのタブーが守られてきた。

ほかに、酒造りやたたら製鉄など、特定の仕事と女性との関わりをタブーとする女人禁制もあった。ちなみに酒造りの神は大山祇神《おおやまつみのかみ》とその娘の木花之開耶姫《このはなさくやびめ》とされる。また、鉄に関係のある神は複数あるが、たたら製鉄の本場であった中国地方では鉄、鍛冶《かじ》の守護神として金屋子神《かなやこがみ》という女神が祀られており、ここでも女神と女性忌避がセットになっている。

以上のようなタブーは、沖ノ島などわずかな例を除き、現在ではほぼ解消されている。たとえば船に関しては昭和末期くらいまで女性が仕事として乗るものではないという風潮があったが、今日では古いしきたりを破って夫婦で漁に出るとか、観光船、フェリーなどに女性航海士が勤務することもめずらしくない。ちなみにヨーロッパでも古くから、女性が船に乗ると不吉という言い伝えがあり、漁船や貿易船は男の船乗りの聖域だった。

酒造りに関しても、酒蔵は神聖な空間で女が立ち入ると酒がだめになるなどといわれてきたが、昭和も末期の頃には酒造りに長年たずさわってきた女性たちのことが新聞で紹介されたりしている。現場では今も女性が蔵に入ることを嫌う昔気質《むかしかたぎ》の職人も少なくないようだが、テレ

火器の守護聖人バルバラを描いた切手

バルバラが火薬の暴発事故からも護ってくれると信じられ、その像は戦場でも必携だった。チェコスロバキア（1970）

ビドラマにもなった漫画『夏子の酒』の影響もあってか、女性が酒造りに関わることへの違和感は、一般的にはすっかり薄れたようだ。

トンネル工事は平成になっても女人禁制が守られていた現場の一つである。理由はやはり、山の神が怒るから、とよくいわれるが、トンネル工事が明確に女人禁制になったのは実は明治末期頃のことだという（『女人禁制にサヨナラを』）。スイスやフランス、オーストリアなどでは、死と隣り合わせの危険なトンネル工事の現場に、鉱夫などの守護聖人である聖バルバラの像を祀り、とくにカトリックの多い地域では女性の立ち入りを禁じる風習があった。日本はトンネル技術をヨーロッパから導入したが、そのさいに近代的な工法とともに古い習慣ももたらされたという。

聖バルバラは日本には根づかなかったが、「女は山に入らない」という日本古来のしきたりにも通じる女性禁忌の風習はその後、絶対的な掟となったのだろう。昭和末期まで貫通式への女性記者の取材も許されなかった。だが一九九二年、初の女性現場監督が登場し、「女人禁制に〝風穴〟」「〝山の神〟も時代容認…」などの見出しが紙面を飾った。なお、オーストリアでも近年まで「女人禁制」は続いていた。アルプスのトンネル建設三〇〇〇年の歴史あるスイスでは、巨大なトンネル穿孔機《せんこうき》が活躍する今も、現場入り口には聖バルバラ像が安置されている。

一九九六年、東京証券取引所の立会場に、女性として初の「場立ち」が登場する。以前は女性の場立ちは事実上、禁止されていたという。もっともほんの数年後、売買はコンピューター処理となり、手サインで売買する場立ちは姿を消した。

ほかにも、いつ頃からと特定はできないが、女人禁制がなんとなく解禁になっている例はいくつもある。たとえば、家の新築で上棟式をおこなう時、施主や親族が屋根に上がって餅《もち》をまく風習がある。これは伝統的に男性に限られていたが、現在では式そのものがかなり略式でおこなわれることもあってか、あまり厳格なことはいわれないようになってきている。

祭礼で山車《だし》を曳《ひ》いたり、祭屋台に上がってお囃子《はやし》を奏でたりするのも、長く女性には禁じられていたが、このしきたりもかなり緩くなってきている。京都の祇園祭《ぎおんまつり》は江戸時代初期には女性も鉾《ほこ》に乗って巡行していたのが、江戸中期以降、女人禁制とされてきたらしい。近年は参加を望む女性の声も無視できなくなって、一部の山鉾巡行への参加が既成事実となっている。このような例は日本全国、枚挙にいとまがない。

信仰や習俗と関係ないところでは、名門ゴルフクラブが長く「女人禁制」だったことがよく知られている。二〇二〇年の東京オリンピックに向けて、会場となるゴルフ場が女性会員を認めていないことで、IOCから改善の要求があったことは記憶に新しい。この騒動以前に、マスターズ・トーナメントを主催する米国のオーガスタ・ナショナルゴルフクラブでは、二〇一二年に女性会員が受け入れられるようになった。

そしてゴルフ発祥の地、イギリスでも、聖地セント・アンドリュースのR&Aゴルフクラブは一七五四年の設立以来、会員を男性に限っていたが、二〇一四年に見直しがおこなわれた。世界最古の会員制ゴルフクラブで、「全英オープン」の開催地の一つでもあるミュアフィールドでは、二〇一六年五月、会員を対象にした投票で女性会員の受け入れについて否決されたが、二〇一七年の再投票の結果、女性会員が認められることになった。ゴルフクラブの「女人禁制」は歴史上の記憶になりつつある。

もう一例、ウィーン・フィルハーモニー管弦楽団も、近年まで「女人禁制」として有名だった。この世界有数のオーケストラは、一九世紀半ばの誕生以来、男性の、主にウィーンの音楽文化のもとで育った奏者しか採用しなかった。ウィンナ・ホルンなど独特の楽器をもちい、ほかの音楽文化圏からの奏者を交えないことで、非常に特徴的でまとまりのある演奏スタイルを誇ってきたが、女性だからという理由で門前払いということに対して国内外から批判が高まり、一九九七年のハープ奏者を皮切りに門戸が開かれた。いまだに正式な楽団員のなかで女性は圧倒的に少ないが、二〇一一年にはコンサート・マスターというオーケストラの最重要なポジションにブルガリア出身の女性ヴァイオリニスト、アルベナ・ダナイローヴァ氏が就任し、注目を浴びた。

女人禁制──大峯山と土俵

前述のとおり、日本で女性に関するタブーを考える時、大峯山と土俵の二つの事例をはずすことはできない。大峯山とは、なぜ奈良のこの山域だけがいつまでも女人結界を解かないのかという問題であり、土俵とは、なぜ女性は大相撲の土俵に上がることができないのかという問題である。どちらも近年、たびたび論点として俎上《そじょう》に載せられてきたことだが、この二大女人禁制について簡単に整理したい。

繰り返しになるが、いずれも女人禁制に関して穢れの思想が大きく影響していることは間違いない。これは、『女人禁制』で大峯山をはじめとする山々の伝統を説く宗教学・文化人類学の専門家の鈴木正崇も指摘している。また、女性は土俵に上がる必要はないという持論を、『女はなぜ土俵にあがれないのか』などで展開する脚本家の内館牧子も、結界と不浄との関係を認めている。

大峯山の関係者も日本相撲協会も、女人禁制の理由として穢れや不浄を持ちださないのはいうまでもない。しかし浄・不浄の問題ではなく、宗教や伝統の問題なのだという主張は、それだけではあまりにも説得力がないだろう。前にも記したとおり、日本は古代、女性が神事を司っていた歴史がある。外来文化の影響や社会構造の変化で男性中心社会が揺るぎなくなるに従って、女性の相対的価値は下がったが、では、どこからを伝統とみなすのか。

たとえば記紀神話が日本の伝統の源なら、その時代に土俵はなかった。それどころか「相撲」の語が最初にあらわれる『日本書紀』では、采女《うねめ》、つまり後宮の女官が雄略天皇に褌《ふんどし》一つで相撲をとらされたエピソードが記されている。相撲は神事として発展してきたといわれている。だが采女のエピソードはもちろん、それに先立つ時代の、相撲の始祖とされる野見宿禰《のみのすくね》の戦いのエピソードにも、神事の雰囲気はない。

ここで相撲の話は後にして、まずは霊山の女人結界から概観しよう。記録に残るなかで最初に結界を定めたのは天台宗を伝えた最澄とされる。最澄は比叡山《ひえいざん》に修行のための聖域として「法界地」をもうけ、あわせて僧侶の教育方針などを定めたが、その規定のなかに、天台宗の院に「盗賊・酒・女等」を禁じるくだりがある。平安時代初期、八一八年（弘仁九年）のことである。同時期、真言密教を伝えた空海も高野山を女人禁制とした。一方、鎌倉時代に日本曹洞宗を開いた道元は『正法眼蔵』のなかで、仏教界の女性蔑視の風潮を「日本国にひとつのわらひごとあり」と批判した。もっともその道元にしても、後に永平寺をやはり女人禁制としている。

さて、問題の大峯山は修験道の聖地である。修験道は日本古来の山岳信仰と仏教が習合したもので、修験者は超自然的な「験力《げんりき》」を得るために山にこもって厳しい修行をおこなう。役小《えんのお》角《づぬ》を開祖とする伝承によれば、修験道は飛鳥時代までさかのぼることになり、大峰山も一三〇〇年の歴史を強調する。ただし実際には、先に触れた天台・真言両宗の密教が山岳修行を奨励し、それによって修験道は平安時代以降、興隆したのであり、役小角という伝説的人物は後世、開祖として祭りあげられたようである。

修験道が各地に広まるにつれ、富士山、白山、立山など山岳信仰の地に、修行のさまたげになるからとして女人結界がもうけられていった。これら霊山の多くは一八七二年（明治五年）の「神社仏閣女人結界ノ場所ヲ廃シ登山参詣随意トス」という太政官布告の後、女人禁制が解かれたが、これに従わない寺社もあった。

大峯山の場合、寺院側は解禁に前向きだが、信者や地元住民の強硬な反対があって今日にいたる。修験者の修行の場として女性を遠ざけることに加え、山上参りは男子の成年式という儀礼でもあり、世俗の女性や母親との一時的な断絶が必要という面もあったようだ。ちなみにかつては行の仕上げとして、山を下ると精進落としとか精進上げと称して、里の遊女と交わる風習もあったという。成年式というイニシエーション儀礼に性行為やその象徴が組みこまれるのは特殊なことではないが、大峯山の「伝統」にはあまり誇ることのできない部分もあったわけだ。

大峯山の女人禁制に対して、実際には大正時代から現在まで大勢の女性が挑戦してきた。なかには登頂を果たしたケースもあるが、地元住民が恐れるような祟《たた》りなどおこらなかったことはいうまでもない。

またこれまで、いくつかの現実的な理由で結界域は縮小されてきた。たとえば観光バスのガイドが結界手前で降りてしまうと、その先、運転手一人では危険な箇所があるなどの事情で「伝統」は変更を余儀なくされてきた。二〇世紀末には時代の流れを受けて寺院側から女人結界の撤廃を打ちだしたのに対し、信者らが強硬に反対しているというのが、大峯山の現状である。

次に相撲の話である。奈良時代に宮中で天覧相撲がはじまり、平安時代には豊作を祈願する国占《くにうら》として、相撲節会《すまいのせちえ》の儀式が定められた。これが現在の相撲の直接の起源とされる。ただし相撲節会は四〇〇年余の後、廃絶する。その後の武士の時代には相撲は神事というより武術として認識され、江戸時代には興行となる。

相撲に土俵が設けられたのは一七世紀末のことと考えられる。内舘牧子の前掲書によれば、「土俵という聖域を最大限に利用することで」相撲集団はその権威を高め、単なる見せ物とは一線を画したようだ。同書はこの土俵が「結界」であり、それゆえ女人禁制であると説く。また、土俵は神迎えの儀式によって聖域となり、神送りの儀式によって結界が解かれるという。ただしこの神道の儀式をおこなうのは、神職の資格をもたない行司であることも記している。

相撲が古式ゆかしい神事であるというのは奈良・平安時代の相撲節会に由来するからだが、宮中行事としては一一七四年（承安四年）を最後に廃絶している。江戸時代以来の相撲集団が、興行としての格を高めるために土俵を始めとする「装置的結界」を意図的に導入し、神事としての側面を強調してきたのであれば、それは内舘氏のいうところの、みごとなビジネスセンスだろう。だが同時に、相撲を神事というのは「自作自演」「手前味噌《みそ》」とそしりを受けたとしても、仕方ない部分もある。相撲が国技とされたのも、一九〇九年（明治四二年）に両国に常設相撲場が落成するにあたり、現在の日本相撲協会の母体である東京大角力協会《おおずもうきょうかい》からその名称を「国技館」としようという提案がなされたのがきっかけである。ちなみに行司の装束が烏帽子《えぼし》、直垂《ひたたれ》、袴《はかま》となったのは、その翌年からである。それまで行司は、裃《かみしも》を身につけていた。

相撲と女性のタブーに関していえば、江戸時代はおおむね婦女子の見物は禁止されていたが、時代とともに女性への垣根を低くしてきたことがわかっている。相撲の様式美は、女性とは無縁のところで完成されたものであることは間違いない。見物に限っては徐々にタブーも緩くなっていったが、土俵は、女人禁制のいわば最後の砦《とりで》だろう。土俵と女人禁制について内舘氏は、矛盾を二点、指摘している。すなわち、神送りをした後の土俵は結界を解かれているのだから、それでも女性は上がれないというのは筋が通らないこと。そして、現在、表彰式は神送りの儀式の前におこなわれているが、そこに賞を授与する側の行政や企業のトップが、とくに禊《みそ》ぎや潔斎もしないまま、上がっているという事実である。

以上、相撲の歴史を垣間見《かいま》ただけでも、相撲は神代の昔からの伝統的な神事であるというのはレトリックにすぎないことがわかる。また伝統とは受け継がれるだけでなく新たに、そして意図的につくりだされるものであることも納得されよう。その一方で、「女性差別」との批判に対し論理的に反論はできなくても、相撲集団が築き守ってきた様式を、女性も含め大勢の日本人が認めている現実がある。

そしてもう一つ、日本の伝統文化で女人禁制なのが歌舞伎である。もとは出雲の巫女だったという阿国《おくに》が京に上り、男装をして舞ったかぶき踊りが起源とされている。若い女性が仮装をして踊れば、男が喜び、刺激的な方向にエスカレートするのは当然のことだ。風紀良俗が乱れたことを危惧した江戸幕府は一六二九年（寛永六年）に女歌舞伎を禁じたのだった。

この禁令によって、ブームは成人前の前髪のある少年が演じる若衆歌舞伎へと移るが、これもまた一六五二年（承応元年）に、同じ理由で禁令が出てしまう。そしてはじまったのが、前髪をそり落とした野郎頭の成人男性による野郎歌舞伎であり、それが伝統となって今に続いている。歌舞伎の場合は「風俗を乱す」ことが理由であるだけなので、子役の女子であれば舞台にあがることも認められている。

現代の芸能文化では女性の踊りが風俗を乱すという理由は通じないだろう。

結婚式のタブー

現在、結婚に関わるタブーとして日本では忌み言葉のタブーがよく知られているが、「死ぬ」「切れる」「壊れる」など、どの言語圏でも結婚のお祝いには嫌われるだろう言葉のほかは、実際にはあまり差し障りはないようだ。たとえば「さらに」や「ふたたび」などは再婚を連想させるのでタブーとされるが、たとえスピーチに含まれてもそれほど不愉快に思われることはない。できれば避けた方がよい、くらいのタブーといえるだろう。

世界各地における結婚の習俗が、文化人類学的なレポートを引き合いに出すまでもなく複雑なことは、想像に難くない。それにまつわるタブーも忌み言葉やドレスコードのようなわかりやすいものから、理由のよくわからないしきたりまで実にさまざまである。ここでは近年日本で知られるようになった風習が、実は西洋の古いタブーに由来するという例を二つ紹介する。

一つ目は、いわゆる「お姫様だっこ」である。結婚式や披露宴が終わった後、新郎が新婦を横抱きにかかげて幸せのポーズを決めるというのが、近年はふつうにおこなわれているが、これはもちろん欧米のしきたりを真似たものだ。本来は結婚式のあとに教会の前でやってみせるものではなく、新居に入る時に花嫁を抱えて花婿が敷居をまたぐというところに意味がある。これは、花嫁が敷居につまずくと災いがおこるとされたためとか、処女性を不本意に失うことになるからなどと説明される。要は花嫁は敷居をまたいではいけないというタブーだったのである。

このタブーは古代ローマから西洋社会に広まったものとされる。日本では敷居や畳の縁を踏むことが古くからタブーとされているが、西洋でも家のドアの敷居に関する俗習はいろいろ知られており、花嫁と敷居のタブーもその一つである。文化人類学の用語を借りていえば、境界、すなわち内と外、聖域と俗域、この世とあの世などの境目をめぐるタブーは洋の東西を問わず数多い。敷居はまさに内と外を分ける境界であるため、そこを通過するための種々の習俗が生まれたと考えられる。

また同じく文化人類学的な論を真似れば、結婚にまつわる一連の儀式そのものが重要な「通過儀礼」であり、娘から妻へと移行する境界にある花嫁はどっちつかずの不安定な状態にあると考えられる。その花嫁が、内と外を隔てる象徴としての敷居をまたがないようにする風習は、実は日本にもあった。たとえば生家を出る時に、抱きかかえられて馬や駕籠《かご》、輿《こし》などに乗せられたり、婚家に入る時に抱きかかえられて運びこまれるしきたりである。抱えるのは婿ではない別の男で、そこが、西洋とは違うところである。また、外から座敷まで筵《むしろ》を敷いて、花嫁はその上を通って家に入るというしきたりも知られている。これもやはり、花嫁に敷居をまたがせないためのものと考えられる。

結婚前の若い女性は「お姫様だっこ」にロマンティックなあこがれを抱くが、実はその由来は、世界各地に共通する境界の象徴としての「敷居」タブーにあったのである。

結婚に関する近年のしきたりで、西洋の古いタブーに由来する例をもう一つあげよう。結婚式の前にウェディング・ドレスやそれを着た花嫁姿を婚約者、花婿に見せない、というものだ。最近は、何かハプニングで花嫁姿の新婦が新郎の目にとまってしまうと、ちょっとした失敗談のように「お披露目してしまった」といわれることもある。

日本でも地方によっては、婚家に嫁入りするまでの花嫁の一連の儀式を花婿は見てはいけないという伝統があったが、近年、花婿への「お披露目」が嫌われるのは明らかに西洋文化の影響である。

直接の起源は定かではないが、ヨーロッパでは花嫁と花婿は祭壇の前に立つまでは互いに会ってはいけないとされていた。結婚式の一二時間前から会ってはいけないとか、花嫁姿を見てはいけないとか、このタブーにはいくつかのバリエーションがあるが、いずれもしきたりを破ると不吉なことがおこると考えられていたのである。

現代では、ウェディング・ドレス姿を見せないことに加え、ドレスそのものも式までは夫となる人の目には触れさせない、というタブーとして欧米で広く浸透している。ただしそれが古くから凶事とされてきたということについては、ほとんど意識されていないようだ。たとえばアメリカでは大多数の女性が式の前にはウェディング・ドレスを婚約者に見せたくないと考えるが、その理由は、完璧にドレスアップした姿で対面する特別な瞬間を大切にしたいからだという。日本で花婿への「お披露目」が嫌われるのも、だいたい同じ発想によるようだ。

花嫁がその姿や、とくに顔を花婿や周囲の人びとから隠すという風習は、古代より世界各地で知られており、ベールや日本の綿帽子などそのための特有の装束も現代まで伝えられている。

古来、多くの文明社会で結婚とは家父長が決める契約であり、当事者は互いに顔も知らないまま娶《めあ》わされることも多かったことを思えば、婚姻の儀礼が終わるまで花嫁が花婿に顔を見せないのは、相手に拒否や躊躇《ちゅうちょ》をするすきを与えないためだったなどという説ももっともらしく思える。または花嫁が結婚相手を含め人びとの目にさらされないようにする風習には、初夜までの花嫁の処女性を象徴する意味がこめられていたのではないかとも想像される。そして「通過儀礼」をもちだせば、娘から妻へと移行する境界上で不安定な状態にある花嫁を、顔を包むことで悪霊から保護する意味があったということになる（『タブーの謎を解く』）。

同性愛――ソドミー法とは

バイセクシュアル、ホモセクシュアル、レズビアン、ゲイ、クィア、ドラァグ・クイーン、トランスジェンダー、ニューハーフ……。

定義もニュアンスもさまざまなこれらの人びとをひとくくりにするのは乱暴な話だが、とりあえずセクシュアル・マイノリティーとしておく。後に述べるが日本には男色の長い歴史があり、芸能界では女装や「オネエ言葉」の芸人、ゲイを自称するタレントが活躍する。

けれども世界を見渡せば、セクシュアル・マイノリティーの人びとのプライベートな行為を取り締まる、俗に「ソドミー法」などとよばれる法律をもつ国が、実にたくさんある。ちなみにソドミーの語源は、『旧約聖書』で有名な「退廃の町ソドムの滅亡」のエピソードにある（「創世記」第一九章）。

メディアでよく取りあげられるイスラーム圏だけでなく、アジア（バングラデシュ、シンガポールなど）、オセアニア（サモア、ソロモン諸島など）、中南米（ジャマイカ、トリニダード・トバゴなど）、そしてアフリカの多数の国々（エチオピア、カメルーン、リベリアなど）が同性愛行為を刑法上の犯罪とし、死刑や終身刑を含む実刑が科されることもある。「ソドミー法」はアメリカでも、なんと二〇〇三年まで州法として存在していた。

ソドミーとは主に男性同士の性行為を意味するが、それ以外にもアナル・セックス、オーラル・セックス、獣姦などキリスト教社会で長く「異常」とされてきた性行為を広く含む。ホモセクシュアルという語が存在しなかった時代、英語のソドミーはバガー（「異端者」の意）とともに、男色を始め自然に背く悪徳と考えられていたさまざまな性的倒錯をあらわしてきた。

キリスト教は性愛の快楽を罪とする。ごく大ざっぱにいえば、性行為は生殖を目的とする限りは神の御心《みこころ》にかなうが、それ以外はタブーというのが、カトリックや正教会、そしてプロテスタントのなかでも原理主義的なキリスト教右派の立場である。たとえば今日でもごく一部の例外を除いてコンドーム使用すら認めないのがバチカンの見解だ。二〇〇八年にローマ教皇ベネディクト一六世は、同性愛は気候変動と同様に人類の生存を脅かすと語り、人権擁護団体などから非難を浴びた。同性愛は一部宗派をのぞくキリスト教、ユダヤ教と、イスラームの世界では、いまだに最大のタブーの一つである。

『旧約聖書』の「レビ記」のなかでは、神がモーセに語った掟として、「女と寝るように男と寝てはいけない」（第一八章）と記されている。ここでは禁じられる近親姦の範疇《はんちゅう》と、姦淫、獣姦への戒めとともに、「いとうべき性関係」の一つとして同性愛が禁止されている。キリスト教社会はこのモーセ律法と、『新約聖書』のなかのいくつかの記述とともにソドムの滅亡の物語を重視して、男性の同性愛をとりわけ罪深い行為としてきた。ちなみに、女性同士の同性愛については、ほとんど存在しないことのようにみなされてきた。

一四世紀初めのダンテ作『神曲』は、主人公ダンテが地獄・煉獄《れんごく》・天国を巡る壮大な叙事詩だが、その地獄篇に同性愛者が苦しむさまがあらわされている。『神曲』の「地獄（インフェルノ）」は地表から九層をなし、生前に犯した罪が重いほど、深く、過酷な地獄へと追いやられる。中世キリスト教の世界観の集大成とされるこの大作には、ダンテの時代に罪業と考えられていたことが網羅されている。同性愛者は自殺者と同じ第七圏で、炎が降り注ぐ熱砂の地獄にある。

同性愛に対するこのような観念は、一一七九年の第三回ラテラノ公会議で同性愛は罪業であると公式に定められて以降、しだいに定着していったらしい。ヨーロッパの中世といえば、神の掟に背く行為に対してはヒステリックなまでに厳しい時代というイメージがあるが、ラテラノ公会議までの数百年間は同性愛に対する教会の態度がはっきりしなかった分、むしろ寛容というか、黙認されていたと考えられる。

ダンテはイタリア・ルネサンスへの扉を開いたが、ルネサンス期を通じても同性愛はそれほど異常行為とは思われていなかったようだ。『神曲』のダンテは熱砂の地獄で今は亡き恩師に出会い、罰を受ける師と自分は立ち位置を別にしながらも、師に対して恭しい態度で接している。同性愛者はめずらしい存在ではなく、またダンテが師の罪は罪としながらも彼に対する敬意を失ってはいないことがわかる場面である。ちなみにイタリア・ルネサンスの巨匠ボッティチェリもレオナルド・ダ・ビンチもミケランジェロも、そしてイギリス・ルネサンスを代表するシェイクスピアも、芸術家フランシス・ベーコンも同性愛的傾向が指摘されている。

ヨーロッパではその後、数世紀にわたり、同性愛に対してひどく不寛容な時代が続くことになる。大英帝国でいえば禁欲の時代ヴィクトリア朝が頂点だろうか。表向き、道徳の規範がきわめて厳格だった一方、退廃的な諸相も顕著なヴィクトリア朝を生きた作家オスカー・ワイルドは、ソドミーの罪で有罪となり、二年間の重懲役を科された。ワイルドは裁判で「その名を口にできぬ愛」について、「プラトンの哲学の基礎であり、ミケランジェロやシェイクスピアのソネットにも見いだされるものであります」と答えている（『ゲイ文化の主役たち』）。

同性愛——ギリシャの少年愛

前項にあげたルネサンス期の文化人が強く意識したギリシャの社会では、同性愛はどうみなされていたのだろうか。まず古代ギリシャとの関連でいえば、グリーク・ラヴという英語が同性愛を意味すること、またアナル・セックス、鶏姦と同義の"pederasty"という語がもともとギリシャ語で「少年愛」を意味することなどを指摘するだけでも容易に想像がつくだろう。男性同士の関係は、互いに良く見られたいという名誉欲を養うため、人間性を高めると考えられていたようだ。

オスカー・ワイルドが引き合いに出したプラトンは『饗宴《きょうえん》』で、男を愛する男こそ、もっとも男らしいとか、同性愛の恋人同士がペアを組めば最強の戦士になるという意味のことを論じている（『饗宴』）。実際、スパルタの戦士社会ではそれが制度化されていた。プルタルコスによればテーバイでも、一五〇組の男性の恋人同士による精鋭部隊の「神聖隊」が大活躍したという（『プルターク英雄伝』「ペロピダース」）。

プラトンの『饗宴』にはまた、師のソクラテスと恋人の美少年アルキビアデスのエピソードが記されている。ただしプラトンによれば、ソクラテスは少年の肉体を愛するのではなく少年の姿のなかに普遍的な美をみるのだというような抽象的なことを述べている。これを、イタリア・ルネサンス期の人文主義者が「プラトン流の愛」として独自に解釈したところから、プラトニック・ラブという言葉も生まれた。ギリシャ人は、同性愛と異性愛を対立するものとして考えていなかったのだろう。

男性同士の話ばかりになってしまった。女性同士の関係があることにもプラトンは言及しているが、アテナイなど典型的なポリスは極端な男性社会で、女性に関する資料がとにかく少ないのである。ただし、レズビアンの語源として有名なレスボス島は、紀元前七世紀の女性詩人サッフォー（サッポー）の活躍からも女性の地位が相対的に高かったと考えられる。

エーゲ海のトルコ沿岸に近いこの島でサッフォーは、詩作のかたわら若い女性を集めて詩歌などを教えていた。サッフォーの時代より二世紀ほど後にプラトンは、彼女をムーサ（文芸を司る女神）にたとえてその詩才をたたえている。だがアテナイやコリントの社会では、歌舞音曲に優れて教養を備えた女性といえばとりもなおさず高級娼婦である。上流階級の夫人（サッフォーには夫も娘もいた）が詩作をこなし少女らを教育するというのは、おおかたのギリシャ市民には奇妙に思われたことだろう。サッフォーの作品には少女に対する恋情をうたうものもあったため、後世、とりわけキリスト教社会となってからは、そのイメージはいかがわしい異教徒の女としておとしめられ、作品もほとんどが失われた。

同性愛――アメリカのホモフォビア

二〇〇九年、ゲイの権利活動家を描いた映画『ミルク』がアカデミー主演男優賞と脚本賞を受賞した。ショーン・ペンが演じたハーヴェイ・ミルクは、ゲイであることを公表して一九七七年にサンフランシスコ市議に当選し、翌年、同僚議員に射殺された伝説的人物である。以前にも伝記や映画、テレビ番組などでたびたび取りあげられており、一九九九年には「TIME」が選ぶ二〇世紀の一〇〇人」の一人ともなっている。

『ミルク』が公開されたのは二〇〇八年一一月二六日、米大統領選が実施された三週間ほど後のことである。選挙後、オバマ前大統領は勝利演説で、「老いも若きも、富める者も貧しき者も、民主党員も共和党員も、黒人も白人もラテン系もアジア系もネイティヴ・アメリカンも、ゲイもストレートも、障害者も健常者も、みんな、アメリカ人はそろって答えを出しました」と語っている。

だが、オバマ大統領の誕生と『ミルク』の成功をもって、ゲイをはじめとするセクシャル・マイノリティーの権利拡大にむけて米国社会が舵《かじ》を切ったと言い切るわけにはいかない。大統領選と同日に実施されたカリフォルニア、アリゾナ、フロリダ各州の住民投票では、同性婚の権利が否定される結果となった。なかでもカリフォルニアは、同年五月に全米でマサチューセッツ州に次ぐ二番目の同性婚合法州となったばかりだったのが、住民投票でくつがえされたのだ。

中東で生まれた一神教は同性愛を罪悪と決めつけた。繰り返しになるが、とくにキリスト教はセックスに快楽を求めること自体をタブーとする。バチカンなどの見解は、同性愛指向は後天的な悪癖で、性的な好みは自分の意志で変えることができるというものだ。このようなキリスト教的な同性愛タブーに対しての反論は、大きく二通りあるだろう。一つは、セックスに快楽を求めたっていいじゃないか、という開き直り系だ。米国のポップスター、マドンナは「人間はみんなバイセクシュアル」といってのけ、ステージ上でも同性愛や自慰を含む性的タブーに挑戦し続けてきた。「聖母」を意味するマドンナの名は実名でもあるが（本名：マドンナ・ルイーズ・ヴェロニカ・チッコーネ）、彼女の過激で挑発的なステージにはキリスト教そのものへの侮辱とみなされるパフォーマンスもあり、教会や敬虔《けいけん》な信者の神経を逆なでしている。

同性愛タブーに対するもう一つの反論は、性的指向は自分で選択できるものではないという主張である。近年、日本でも、身体的な性とジェンダー・アイデンティティ、つまり心の性が一致しない「性同一性障害」が知られるようになってきた。西洋医学は同性愛を性的異常と長く断じてきたが、現在は当然ながらそれを病気とはみなさず、治療の対象とはしていない。

このような科学的な立場からの主張はとくにヨーロッパで人権思想と手を携えて、同性婚やそれに準じる制度の確立を後押ししてきた。早くから同性婚の制度をもつオランダ、ベルギー、スペイン、ノルウェー、スウェーデンと、カナダ、南アフリカに加え、ヨーロッパ諸国、北米や南米諸国でも認知が進んでいる。

しかし米国では、ホモフォビア（同性愛嫌悪）も根強く、ホモフォビックなヘイトクライム（憎悪犯罪）は人種差別や宗教差別によるヘイトクライムと並んで大きな問題となっている。

米国には人種や宗教に関する偏見に由来するヘイトクライムに対して一般の犯罪よりも重い刑を科す連邦法がある。オバマ大統領は二〇〇九年一〇月、ヘイトクライム法で保護される対象に同性愛者も含める法案に署名したが、これは俗に「同性愛者保護法」などとよばれ、ブッシュ前大統領が反対していたものである。ブッシュ政権を支持した原理主義的キリスト教徒（キリスト教右派）は、当時、米国人口の二割ともそれ以上ともみられていた。キリスト教右派は、同性愛、人工妊娠中絶はもちろんのこと、オナニーやアナル・セックス、オーラル・セックス、コンドーム使用もすべてタブーとする。それ一つを考えただけでも、米国における同性愛タブーの問題の複雑さが想像されるだろう。

第三章　食べ物のタブー

西アジアにおこった食物タブー

紀元前三一〇〇年頃にナイル流域で興った古代エジプト文化の記録の中に「食べてはいけないもの」という記述が見られる。多神教だった古代エジプトでは、多くの神々に聖なる動物があり、それらの動物、場所によっては魚までもを、虐げたり食べたりしてはいけないというものだ。これと同じように、現代でもオーストラリアのアボリジニや、アフリカのコンゴ盆地に暮らすムブティ・ピグミーなどのように、特定の人間の集団がトーテムとする動物や神聖視しているものを食べないというタブーは世界各地に見られる。

こうしたタブーとは異なるかたちのものが、古代エジプト社会から、「神に選ばれた民」として脱したとされているユダヤの人びとの間でおこった。

ユダヤ教徒の間で不浄なものとして禁じられているブタは、古代エジプト時代の初期、ピラミッドが建造されている頃には、食用として飼われていたことがわかっている。しかし、二〇〇〇年ほど経た、紀元前一〇〇〇年頃から、神話上でブタが嫌われる傾向になった。ただしそのブタは、私たちが食用として認識しているブタとは、動物学的な分類上はまったく異なるツチブタである。ツチブタは夜行性で、アリやシロアリを探して土を掘るため、畑に被害がおよぶことがあったのだろう。そのために、邪悪な神セトが化身した動物とみなされた。このツチブタは、アラビア語でもヒンズィール・アル＝アルドゥ（大地のブタ）とよばれているように、古代エジプト人のなかでは一般的なブタとツチブタは同じものとみなされていた可能性がある。

この古代エジプトのブタ（ツチブタ）への嫌悪の影響を受けたと思われるのが、エジプトと関係の深かったユダヤの人びとだろう。彼らの聖典である『タナハ』または『ミクラー』（キリスト教の『旧約聖書』と配列は異なるが内容は同じ）は、古代メソポタミア、古代エジプトなどの歴史、文化の影響を受けてまとめられている。その中の「レビ記」第一一章の記述に、ユダヤ人が食べて良いものといけないものが厳格に区別されているのだ。ここにそれを禁じる理由は書かれていないが、その厳しい内容は、エジプトの国から導きだした神が選んだ民であるゆえに、ユダヤ人は聖なる民としてふさわしい品位をそなえるためにこの律法を守らなければいけないというものだ。

ユダヤ教における食材、食事を規定した律法のことをヘブライ語でカシュルート、カシュルートに適した清浄なものはコーシェル（カシェル）などという。

反芻《はんすう》しない動物、もしくはひづめが完全に分かれていないラクダ、イワダヌキ、イノシシ、野ウサギ、ウマ、ロバなども禁じられており、ブタはここに含まれている。

また、四本足で地上を這い回るモグラ、トカゲ、ネズミなど、四本の足で歩く動物のうち、足の裏のふくらみで歩くネコ、ライオン、キツネ、オオカミなども、ユダヤ人が食することを禁じた。

鳥類についてもハゲワシ、タカ、ハヤブサ、カラス、サギの仲間、ダチョウ、カモメ、フクロウやミミズク、ウ、ペリカン、コウノトリ、ヤツガシラ、コウモリなど、昆虫類、は虫類、両生類、タコ、イカ、エビ、貝類、イルカ、クジラなどの水棲《すいせい》動物も禁じた。

また、カシュルートでは、生き物の肉を食べる前に、完全に血抜きをすることが規定されている。動物を処理する時、鋭利な刃物で頸動脈《けいどうみゃく》を一刀で切るというもっとも苦痛の少ない方法で、一瞬に処理しなければいけない。これをおこなう者は特別にショヘートとよばれ、しっかりと訓練を受けて資格試験に合格しなければなることができないのだ。マシュギアとよばれる検査員がその動物に病気がないかを検査し、検査に合格すればコーシェルとして認められる。そして最後は、買ってきた肉に残っている血液がないかを家庭の主婦が調べなければならず、そうしてようやく肉が調理される。

食材の準備だけでなく、調理にもタブーが設けられている。血液が禁じられているので、牛肉であってもレアのステーキや血液を混ぜるソーセージは食べられない。また、私たちに身近な料理を例にあげるなら、生きた動物から切り取った肉を食べてはいけないので、生け簀《す》で泳いでいる魚をさばいたお造りも食べられないということになる。また、「出エジプト記」「申命記」で一度の食事で肉と乳製品を分けて食べるように規定されているため、クリーム・シチュー、ラザニア、チーズバーガーなども禁じられるものに入る。

調理するにあたっても、調理道具、鍋、釜、皿などは二組が必要である。一組は鳥や動物の肉専用に、もう一組はそれ以外の食品用にである。そしてこれらの器具、食器を同時に洗うことも禁じられているので、それぞれ専用の流し台を設けるか、一つしかない場合は、一組を洗った後に、流し台をきれいに洗ってからもう一組を洗わなくてはいけない。さらに布巾も、収納棚も分けなくてはいけない。敬虔なユダヤ教徒は、海外ではコーシェルの食事を得られないので、調理器具を持ち歩く人びともいるという。

また、化学物質はコーシェルではないとされている。今日、私たちの台所では化学調味料は必需品となっているのではないだろうか。コーシェルの料理には自然産物からの調味料しか使わないし、近年では遺伝子の組み換えをした微生物からつくられるようになった凝乳酵素（微生物レンネット）を使ったチーズではなく、古来のウシ、ヒツジ、ヤギの哺乳期間中の第四胃袋の粘膜から得られるレンネットによるチーズしか食べないという人びともいる。

ワインにも決まりがある。原料のブドウは聖物とされるものなので、植樹をしてから三年は収穫を禁じられていて、四年めから収穫できるものの、最初の収穫から七年ごとに一年間は休ませ、その年のブドウはすべて収穫しないで、一割は残して誰が穫《と》ってもいいようにしておかなくてはいけないなど、細かく決められている。

こうして要点をかいつまんで見ただけで、規則に縛られたユダヤの人びとの暮らしが「聖別」されていることのアイデンティティ、誇り、自負心が支えになっているということが理解できる。

時系列的には、このユダヤの教えが広まっていたパレスチナでキリスト教がはじまる。ところが現代の多くのキリスト教徒たちは、食材、食事についてはかなり自由になっている。キリスト教のなかでもモルモン教（末日聖徒イエス・キリスト教会）など、独自の制約を設けている宗派があったり、個人的な思想、信条などで個々に食物については禁じていたりするので、実際にその人に接してみないと、どんな食べ物を不快に感じるのかわからない。

キリスト教以前から、その地で食用としていたものは、聖書で禁じられていても納得できなかったのだろう。聖書がまとめられたパレスチナとヨーロッパでは気候も植生もまったく異なるのだから当然である。森に棲《す》むイノシシ、森の恵みで飼うのに容易なブタについて、その記述のある『旧約聖書』の「レビ記」「申命記」は無視し、「創世記」にある、「地のすべての獣と空のすべての鳥」「地を這うすべてのものと海のすべての魚」「動いている命あるもの」、これらすべては食糧としてよいという記述に注目したのだ。

イタリア、スペイン、ポルトガルなどではタコやイカ、エビ、カニ、うろこのないウナギなどの料理は食べられている。フランス人はカタツムリやカエルも食べる。

テーブル・マナーでは、ユダヤ教徒もキリスト教徒も、食器を手に持たない、音を立てない、スープをすすらないなど、いわゆる洋食のマナーは変わらない。

イスラームの教え

世界最大のイスラーム教徒を抱えるインドネシアをはじめ、パキスタン、インド、バングラデシュ、エジプト、ナイジェリア、イラン、トルコ、マレーシアなど、アジア、中東、北アフリカに約一六億人ものイスラーム教徒が暮らしている。近年、これらの国々からの観光客や住人が増えて、彼らが安心して食事できるようにハラール食品への理解が進み、ハラール食品を提供するメーカーが出てきたというニュースがしばしば話題になっているのはご存じのことだろう。

ツチブタが描かれた切手

フランス領アファル・イッサ（現在は独立してジブチ）

ユダヤ教のコーシェルのタグ

聖別された食品につけられている。

イスラーム教のハラールのマーク2種

下はマッカのカーバ神殿とモスクがデザインされている。

イスラーム教徒にとって口にしてはいけないもの、それはどんなものだろうか。あらためて彼らの食のタブーについて見てみよう。イスラーム教徒が口にしてもいい食べ物はハラール（ハラル）とよばれ、それはアラビア語で「（神に）許されている」もののことだ。これに対して「禁じられている」ものはハラーム（ハラム）である。

イスラームの聖典は『クルアーン』である。ハラール、ハラームについては、個々に記され、篤い信仰心を持つ人がこの教えを忠実に守っている。ブタはともかく、世界中で広く嗜《たしな》まれているアルコール飲料が禁じられているために、どこか偏屈なイメージができあがってしまっていることは否めない。

さらに、牛肉であれば何でもいいというわけではない。処理は必ずイスラーム教徒が担当し、神への聖句を唱えながら喉のあたりを横に切断しなければいけないのだ。日本での処理方法は当然、この方法ではないことが明らかだ。日本に滞在していて、どうしてもハラール指定のない牛肉を買わなければいけない時は、国産和牛は避けるという。イスラーム教徒に、牛肉なら、と、気軽にご馳走するのも難しい。

現代ではほとんどないだろうが、絞殺や撲殺による肉もハラームであるし、事故や病気で死亡した家畜、野獣が食べ残した死体を食肉とすることもハラームである。また、くじや賭け事によって得られた食べ物もハラームとされ、食べることはできない。

こうした細かなイスラームの教えは、預言者ムハンマドの嗜好が個人的に偏っていたからではない。それまでの人間の社会、文化、宗教、生活習慣などの経験を踏まえての教えだったのである。メソポタミア地方の国々、古代エジプト、ペルシア、ギリシャ、ローマなどの影響を受けた文化、そして土着の精霊信仰があり、そこにユダヤ教、キリスト教といった宗教の影響も加わった。しかしこれらの教えでは、人びとに規律ある平和な暮らしをもたらすには不完全であるという基本がイスラームにはある。アラビア半島の沙漠に囲まれた自然環境で、ムハンマドは、そうした宗教、思想を素地とした、彼の知っている範囲の社会において、人びとの幸福な生活を考慮したのである。

教えのなかには、ムハンマドが実際に体験したり、言い伝えられてきた教訓をもとにしたものが散見する。くじや賭け事の禁止も、そうした欲に駆られることで人づきあいに不和が生じることを事前に防ぐためであることは容易に理解できる。古代メソポタミア、古代エジプトの社会で、飲酒によるトラブルについては当時の人びとが残した教訓的な文書で何度もとりあげられてきたことだった。酔って人が変わる、アルコールが人を変えることが問題だというのだ。彼の時代にいたるまで何千年も前から問題視されてきた飲酒を、彼は禁じることで区切りをつけようとしたのだった。

現在、イスラームを国教とする国々の多くで飲酒は禁止されており、アルコール飲料の醸造や販売も禁止されている。ただし、観光立国のエジプトのように、海外からの観光客をもてなさなくてはいけない国では、産業として酒造は必要で、エジプトの場合はイスラーム教徒ではない人びとが醸造をおこなっている。

嗜好の欲求を断ち切ることは難しく、イスラーム化の歴史のなかでも必ずしも守られていたわけではなかった。エジプト観光に訪れた人の多くが、ターバンを頭に巻き、あごひげをたくわえたイスラーム教徒であることが明らかな「オマル（ウマル）・ハイヤーム」という人物の肖像がデザインされたワインに違和感を覚える。彼は一一～一二世紀のセルジューク朝ペルシアの数学者、天文学者、詩人で、その書『ルバイヤート』に飲酒を讃《たた》える詩歌を残している。イスラーム世界でも一時期、飲酒が許されていたのである。イスラーム世界でありながら今もこうして醸造したワインのラベルに彼の肖像をもちいているところからすると、アルコール飲料については国と地域で温度差があるのは明らかだ。

ちなみに、イスラームでは、神の教えに背くことなく生きた者だけがたどり着ける天国には、過ちをおかすことのない酒の川があり、自由に飲んで心地よく永遠に暮らせると信じられてい

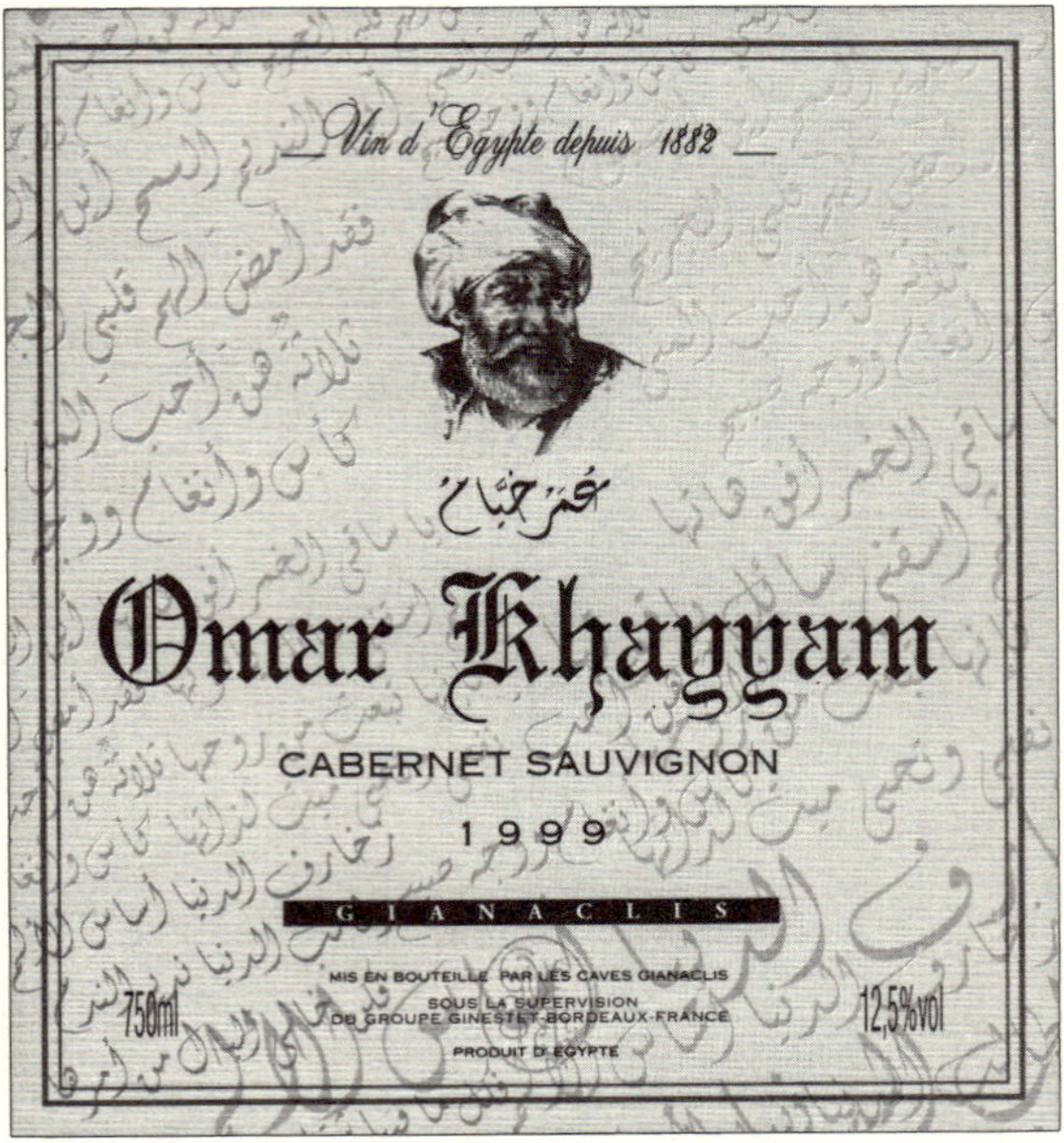

エジプト・ワイン「オマル・ハイヤーム」のラベル

ターバンをつけ、あごひげをたくわえた容貌は、典型的なイスラーム教徒だ。エジプトの空港の免税品店でこのワインを見つけた人の多くが、ワインとイスラーム教徒の肖像の組み合わせに違和感を持つ。

る。

しかし今は、イスラーム教徒にとって、飲酒はハラームである。敬虔なイスラーム教徒は、アルコール飲料そのものだけでなく、アルコール成分をもちいたものにも気を遣う。彼らへのお土産に、製造工程でアルコールを使っていないものを探すとなると、想像以上に困難だ。チョコレート、クッキーの類いでも香り付けにアルコール飲料がもちいられたりしているものは多い。醤油《しょうゆ》も醸造する過程でアルコールが生じているのでハラームになる。日本食で醤油や味《み》醂《りん》、料理酒で調味したものはハラームである。醤油については、加熱することによってアルコールで酔うことはないと解釈されているので、醤油味の煎餅《せんべい》などは好んで食べるイスラーム教徒は多い。ただし、たとえ醤油で酔うことはなくても、厳密にはハラームであり、イスラーム教徒が和食をとることが多くなってきた日本では、アルコールを抜いた醤油の醸造をはじめたメーカーもある。

イスラーム教徒の日常生活には酔っ払いがいない、存在してはいけないということがわかる興味深い事例がある。日本でも人気のサッカー漫画『キャプテン翼』は、アラブ諸国でも人気なのだが、そのなかで「酔っ払い」が「変わっている人」と翻訳されている。翻訳したのはシリアから日本への留学生である。こう訳したのは飲酒が禁じられていることが主な理由のようだが、これを読んだエジプト人は、子どもたちには人が酔っ払っている状態を理解できないだろうから、適切だと思うと評していた。

アルコールでの食器の除菌、洗浄も許されない。ちなみに、サウジアラビアのように厳格になると注射をする際の皮膚のアルコール（エタノール）消毒、エタノールを使った化粧品や日焼け止めもハラームである。消毒にはイスラーム法学者が認めたイソプロピルアルコールがもちいられている。

アルコール飲料が多くの社会で儀礼や祭祀でもちいられるのは、アルコールによる高揚感、陶酔することが神秘的な力と考えられ、飲むことで非日常的な意識が高まるからだろう。その意味では宗教儀礼におけるアルコール飲料は、マヤの神官がもちいたタバコや幻覚剤、ブードゥー教の信者たちのトランスを引き起こす激しい踊り、ゴシック建築の教会に鳴り響くパイプオルガンなどと並べられるかもしれない。レベルの差はあれ、いずれも人の意識を神のもとに運んでくれるからだ。

だが理性的・文明的な宗教といわれるイスラームでは、このような官能的喜びをもたらすものを排除している。強いて言えば『クルアーン』の朗唱以外に宗教音楽はない。例外的にスーフィー（イスラーム神秘主義）教団は、音楽と旋回舞踊で恍惚《こうこつ》となる儀式をおこなう伝統があるが、これはイスラームにおいては正統なものではない。両手を広げ、一時間以上も延々と単調なリズムの音楽で旋回を続け、神の声を聞こうとするものだ。

他方、マヤで幻覚作用があるとしてもちいられていたタバコはアラブ人にも好まれているが、こちらのほうは預言者ムハンマドの時代にはなかったものだったためか禁じられてはいない。水パイプを回し飲みして楽しむ人びとの姿はアラブの景観の一部になっている。

イスラームでブタ肉がハラームなのは、同じ神であるユダヤの慣習を受け入れたと考えられる。あるいは、インドのヒンドゥー教でもブタ肉（肉全般）は忌み嫌われているので、北アフリカからメソポタミア、インドにかけての広い地域で、古くからブタについてはタブーとして広まっていたのかもしれない。エジプト、メソポタミア、インダスの文明発祥の地は、直接的、間接的に交易でつながっていた。

ブタ肉を食べないのはもちろん、ブタ肉を調理した庖丁《ほうちょう》、俎板《まないた》、フライパン、鍋などの道具を使うこともできないので、ほとんどの家庭でイスラーム教徒を招いてご馳走をするなどということは難しい。日本の飲食店でも、イスラーム教徒用の調理場、調理器具、食器をそろえなくてはいけないという点が問題なのだ。

お菓子では、ゼラチンを使ったものはハラームである。ゼラチンの原料は、ブタの皮や骨などが大半だからだ。ゆえに、ゼラチンでつくられている薬用のカプセルも飲めない（ベジタリアンからの要望もあって植物由来のカプセルが開発されている）。このほか、ＣＭでも人気のコラーゲンを含む保湿性化粧品（乳液、化粧水、オイル、パック、クリーム、ボディーソープ、シャンプー、リンス等）も使えない。厳密には、写真用フィルム、印画紙を製造するにあたって、感光性の銀塩化合物を乳化し、塗布する材料としてゼラチンがもちいられているし、デジタルカメラによる画像を高品位でプリントする用紙にもゼラチンが塗布されているので、これらを使うことを拒むイスラーム教徒もいる。

イスラーム教徒にとってタブーとなるものを列記してきたが、お気づきになった方もあるのではないだろうか。

カプセルに入った薬を飲むこと、写真用フィルムやデジタルカメラ用のプリンター用紙、化粧品の数々、これらは預言者ムハンマドが神の啓示を得て布教をはじめた六一〇年頃の時代にはなかったものだ。

ムハンマドが布教をはじめたアラビア半島から広まったイスラームは、いまでは彼らの生活環境とは大きく異なる世界にまでいたっている。日本のように、一般には食材に対して宗教的な規制のない地域でイスラーム教徒が暮らすようになるというのは想定外のことだった。

さらには、大きなニュースにもなったシリアからヨーロッパへの難民のように、異なる食文化の国に行って、救援の食糧を受けなければならなくなるような事態もおこった。地震などの自然災害に見舞われたイスラーム教徒が、海外から支援物資を受けることもめずらしいことではなくなってきた。

イスラームに厳格な人びとは、このために海外に出かけること、外国からの支援を受けることを拒むこともあるが、ムハンマドの教えはそこまでは求めていない。禁じられたものを意図して食べたわけではなかったり、飢えに迫られた場合は、アッラーの神は寛容であると、『クルアーン』には記されている。

そしてムハンマドの言行にあてはまらない食材に出会ったり、新しくつくりだされた時は、イスラームの法学者がその是非を判断することになっている。イスラーム教徒たちが判断に迷った時、それぞれに問い合わせることによって事例が積み重なり、タブーとなる食材も更新されているのである。イスラーム多数派のスンナ派では、法判断の多くは、意外にもサウジアラビアではなく、エジプトはカイロのアル＝アズハル大学出身の大ムフティー（最高イスラーム法官）がおこなっている。

アル＝アズハル大学は、モスク（九七〇年着工、九七二年に最初の金曜礼拝）に付属するマドラサとして九七五年に設立された世界最古の最高学府、イスラームの最高教育機関である。

たとえば大ムフティーは、ダーイッシュ（イスラム国）について、アッラーと預言者ムハンマドに敵対する堕落した迫害者であり、天罰が下されるべきだという判断を下し、世界中のマスコミに「イスラーム」のイメージを損なわないよう「イスラム国」という名称を使わないように求めたりしている。

このように大ムフティーがハラールかハラームかを判断するのだ。厳格に見ていくと、ブタもアルコールも、ここで紹介したようなことがハラーム（タブー）になるし、実際、二〇〇〇年にインドネシアで化学調味料の製造過程でブタ由来成分が関わっていた（化学調味料自体にブタ由来成分が入っていたわけではなかった）ことを公表していなかったとして現地の責任者が逮捕されたこともあった。

しかし、法学者の意見には、ゼラチンに変質してしまったブタや「酔わせる」性質を失ってしまったアルコールについてまでタブー視すべきではないというものもあり、変性、変質したものは個々の判断に任されているところもある。

ともかく、ブタとアルコールについて厳格に見ていくと、日本などではかなり窮屈な生活を強いられる。しかしこのなかで、イスラームの教えに反しない生活をしようと努力（ジハード）

することが大切なのだ。それは彼らイスラーム教徒としての誇りであり、アッラーとの約束を守っていることの証《あか》しなのである。

今の日本ではなかなか理解が難しいことだろう。こんなに美味しいラーメンが食べられないなんて、こんなに気持ちよくなる酒の良さがわからないなんてかわいそうという間違った同情、食べさせたらどんな反応をするのだろうという悪戯心から、タブーとされている食材を食べさせることは、もってのほかでタブーである。

また、ユダヤ教徒、キリスト教徒と違って、イスラーム教徒との食事では、私たちが日常おこなっている食事作法がタブーに触れることもある。

アラブ人とレストランで食事をする時、食事の前後にかなり念入りに手洗いをする人を見かける。多くのレストランで、洗面所にはその存在を主張するように石けんが置いてある。食事を用意する時も、いただく時も、そして食べ終わってからも、手は清潔にしなくてはいけない。「いただきます」にあたる言葉は「ビスミッラー（神の御名において）」だ。ほかの部族の人びとからご馳走になる時、その食事がアッラーの名が唱えられながら用意されたハラールかどうかわからない場合がある。だからといって断るのは失礼にあたるので、その場合は「ビスミッラー」とアッラーの名を唱えていただけば、ハラールかどうかわからないものを口にしても、その時はアッラーに判断を委ねられるというように解釈されている。「ごちそうさま」は「アルハムドゥリッラー（神のお陰で）」である。

その昔のアラブの食事は、床や地面に絨毯を敷き、そこに料理を並べた。こうして食事をすることが預言者ムハンマドの行為に近く、謙遜の気持ちをあらわしたものとして好まれる。靴を脱いで、右足の片膝を立て、左足に重心を置くようにして何にも寄りかからずに座る。そして病気や怪我《けが》など特別な理由がないかぎり、すべての行為は右からおこなう。右手で食べ、順番は右回り、上座も右側とされている。上座の人よりも先に料理に手を出してはいけない。

日本でも左利きを矯正するようなことはなくなったが、ユネスコ無形文化遺産に登録された和食では、ご飯は左、汁物は右というように出されるのが基本であるし、器のなかの盛りつけも右から箸を進めやすいように気配りがされているのだ。コンビニの弁当でも、右からの箸進めに合うように盛りつけられている。アラブ人の世界でも右利きが多数なのは例外ではなく、ムハンマドの右手使いの勧めもこのようなことからだ。イスラームでは左手が不浄とは言われていない。

その作法は、右手の三指（親指・人差し指・中指）で料理を取り、それは一口大の大きさにして、よく嚙み、口に食べ物を残したまま次の料理に手を伸ばしてはいけない。食事中、その指を舐《な》めてはいけない。食べ物はもちろん、すべてのものは神が創造したものなので、食べ物を貶《けな》してはいけないし、選り好みをしてはいけない。自分の一番近いところにある料理から手をつけるようにとされているが、独占したりしてはいけないし、他人の前を遮ったりするのもいけない。身を乗りだし、皿の上に頭を持っていって食べ物を口に運んではいけない。料理を無理に勧めてはいけない。食べている人をじっと見て、恥ずかしい思いをさせてはいけない。

食べ物が熱いからといって、息を吹きかけてはいけない。ナツメヤシのように種があるものは、果実と種を同じ皿にのせてはいけない。口から出した種は左手の甲にのせてから捨てるようにする。このように口から何かを出す時は、食べ物とは反対に向いて左手で受けなくてはいけない。こうした行為は、右手で食事をしている場合には、身体は自然とそう動かすことになろう。

食事の際、ヒンドゥー教では右が清浄で左が不浄と決められている。イスラームでは、預言者ムハンマドによる言行録の『ハディース』で「食べる時は、右手で」とあるために、右手を主に使う。

両者で違うのは、食事の時の左手の置き場所だろう。イスラーム教徒は両手をテーブルに置き、食べ物を口に運ぶのは右手でおこなうが、パンをちぎったり、皿を手で持ったりする時は、両手を使う。対して左手を使うことをタブーとしているヒンドゥー教徒では、左手は食器やテーブルから離して遊ばせている。そうした態度で相手の習慣を判断しよう。

飲み物も、容器を右手で取り、一気に飲み干してはいけない。預言者ムハンマドが三回に分けて飲んでいたとの言い伝えから、いちいち容器を口から離して三度に分けて飲むのが理想的だとされている。そして容器を口から離す時、容器に息を吹き入れてはいけない。

こうしたタブーは、神の加護に感謝し、他人や客人に敬意をもって接し、不愉快な思いをさせないようにするためのものだ。これらもまた、預言者ムハンマドの慣習によるものであり、これを守ることは、ムハンマドに対する敬意をあらわすことにつながる。

今ではイスラーム教徒もナイフ、フォーク、スプーンなどの食器は使うが、彼らのマナーを知っておくほうが無難といえよう。

ヒンドゥー教徒にとってのウシ

二〇一五年九月の終わり、インド北部、首都特別地域であるデリーに隣接するウッタルプラデシュ州ダドリ村で、牛肉を食べているのではないかという噂だけでムハンマド・アクラクという男性が押しかけた群集から暴行を受けて死亡する事件がおこった。彼の息子も巻きこまれ意識不明の重体となった。

インドではウシが神聖視され、食べるどころか、道を歩いているのが邪魔だからと追い立てるようなこともしてはいけない。これはヒンドゥー教のタブーである。タブーを破り、ウシを追い立てれば、鞭打《むちう》ちされても文句は言えない。ましてや食べようものなら殺されても不思議ではないのかもしれないが、この事件で殺されたムハンマド・アクラクは、その名前からもわかるようにイスラーム教徒であり、彼の信じるイスラームではウシを食べることに何ら問題はないのである。

インド人の多く、約八〇パーセント、約九億六〇〇〇万人がヒンドゥー教徒である。次に多いのがイスラーム教徒で、約一四パーセント、約一億六八〇〇万人。割合としては少ないが、人数では日本の人口よりもはるかに多く、決して少なくない。このタブーをめぐっての衝突は何度も繰り返されてきた。

にわか旅行者ではない被害者が、ウシを食べればトラブルになることは既知のことであるのに、あえて危険を冒すだろうか。インドでは、ウシまたはブタを食べることをタブーとする人という括《くく》りにすると、ほとんどの人が関係してくる。そのために平和的な両者の共存、営業上の利益を優先するなら、両方のタブーに抵触しない鶏肉やマトン、エビ、野菜、豆が食材とし

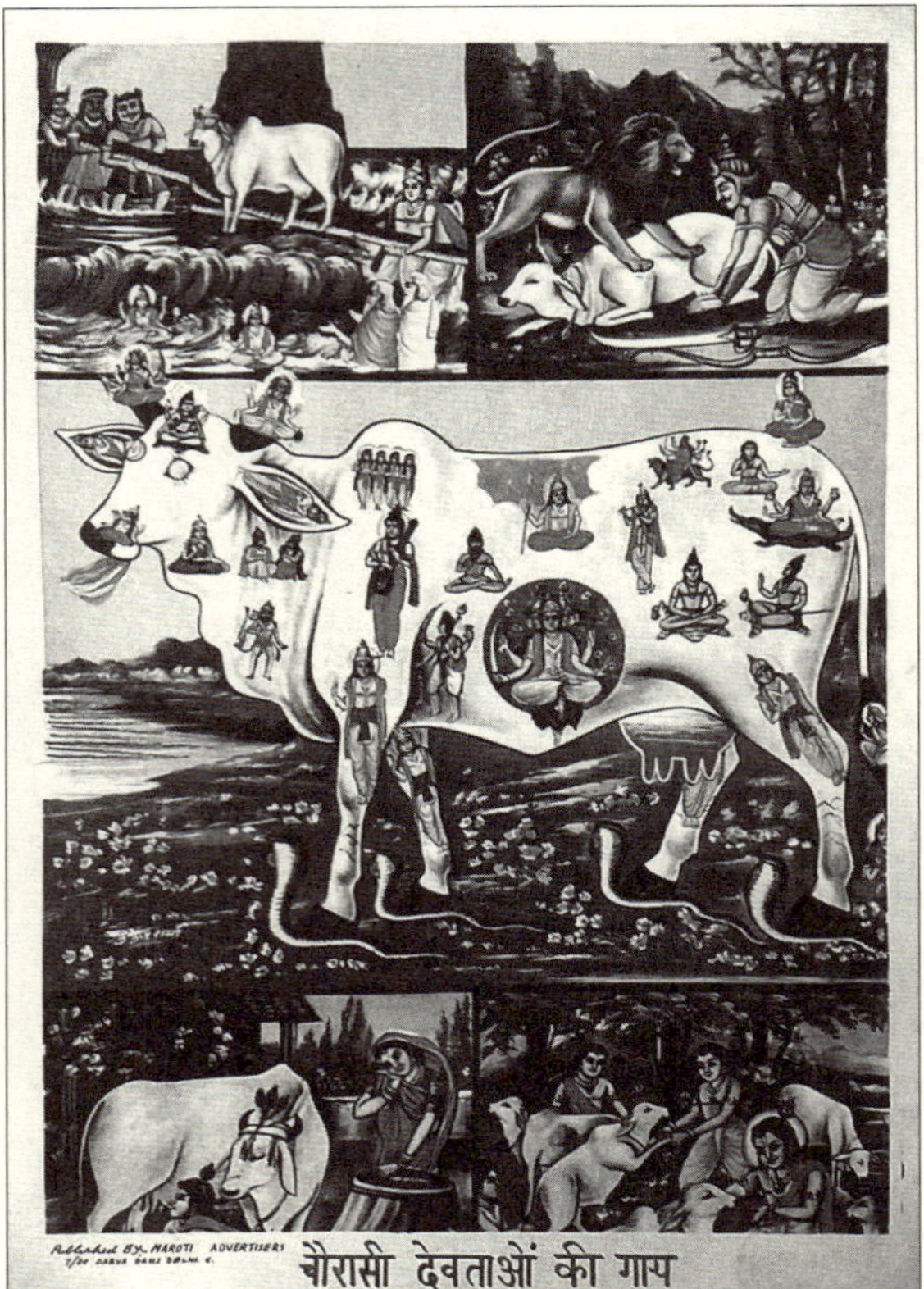

ヒンドゥーにおける聖牛のイメージを描いたポスター

ウシの身体の隅々にまで神が宿っていることをあらわしている。

て選ばれるのは自然である。実際、事件後には、牛肉リンチ殺人事件の被害者が食べていたものはヒツジであることがわかった。

この悲惨な事件は、二〇一四年、ヒンドゥー至上主義団体などが支持するインド人民党が総選挙で圧勝してから、ヒンドゥー色を強化してきたことが背景にあったようだ。事実、二〇一五年三月には、首都圏のハリヤナ州をはじめ、ヒンドゥーにとっての主要な地域で牛肉の販売などが禁止された。近年、国際化にむかって、地域によってはカフェやレストランで牛肉を使ったハンバーガーが出され、ヒンドゥー教徒でも牛肉を食べる者があることがネットで話題になっていた。

「ヒンドゥー教徒だってウシを食べる」という安易な情報を信じて、おもしろ半分にインドで牛肉を食べるのは危険である。牛肉が許されているイスラーム教徒でさえ、穏健派の人びとはあえて危険は冒さない。タブーをほかの宗教の人びとに強要することは軋轢《あつれき》を生むし、ほかの宗教の人と友好な関係を続けたければ、彼らがタブーとすることはおかしてはいけない。多数派、少数派にかかわらず、互いの文化を尊重することが肝要なのである。

ちなみに、インドは世界最大の牛肉輸出国である。こう書いてしまうと誤解を招きそうだが、大部分は水牛の肉だ。ヒンドゥー教徒が神聖視しているのは瘤《こぶ》ウシであり、水牛は、神話によると悪魔マヒシャの化身した姿の一つであり、死者の王ヤマの乗り物とされているため、食肉にもされ、ヒンドゥー教徒でも食べる人たちもいる。

ヒンドゥー教では、食べ物を清浄な類いのものと不浄な類いのものに分け、清浄なもののなかでも浄性の高いものと低いもの、不浄なもののなかでも不浄性の高いものと低いものというようにランク付けをしていた。

これは食事作法でも適用されている。たとえば、一度、人が口をつけたものは穢《けが》れたものになる。「ちょっと味見させて」という気楽な気持ちで彼らの料理に手を出したり、自分の食べかけのものをあげる、回し飲みをするなどということをしてはいけない。タブーなのである。口をつける前にそれぞれの器やコップに取り分けなくてはいけない。タブーまでにはなっていないが、こうしたことは和食でも洋食でもマナーである。

ヒンドゥー教徒が日本の食事に接すると、まず警戒するのは鍋料理だ。他人の箸が鍋の食材に触れないか、気が気でないことになろう。箸でつつき合うのはタブーに抵触する。寿司や刺身、イカ、タコなど生ものの魚介類、魚介類を揚げた油で揚げた野菜もタブーとはいかないまでも避ける人があるかもしれない。

ヒンドゥー教徒と食事をするにあたって、もう一つ注意すべきことは、ベジタリアンかそうでないかを確認すべきだろう。その時、ノンベジタリアンであれば鶏肉やマトンが可能であり、ベジタリアンであれば、野菜の中でも浄性の低い根菜類を食べられるかを確認する。

日本では単に好き嫌い、アレルギーの有無の確認ですむが、外国人の場合は、それぞれがタブーとするもの、タブーとしていることを確認しておく必要がある。

食べるべきではないと心に決めたわけ

人類の祖先である猿人は、約六〇〇万年前にアフリカ大陸にあらわれ、約一三〇万年前まで生息していたのではないかと考えられている。森に棲み、植物の葉や木の実を主食に、昆虫や鳥の卵、小動物などの恵みに支えられていた。

その猿人には二種類があったようだ。一方は小柄な体つきで、もう一方は対照的にがっちりしたアゴを備えた頑強な体つきだった。三〇〇万〜二五〇万年ほど前、アフリカに気候変動があり、豊かな森が消滅してしまう変化があった。その時から、頑強な猿人のほうは、主に植物の根を食べるようになった。やがてこの猿人は滅びてしまう。一方で小柄な猿人は、野生動物の狩りを追い、その獲物を奪ったり、小動物を獲《と》って食べるようになった。肉食のはじまりである。石器を使い、野生動物が食べ残す頭蓋骨からは脳を、骨からは骨髄までを取りだして食べるようにもなった。

高カロリーの動物性タンパク質が人類の進化に拍車をかけたのである。さらに一六〇万年ほど前から人類は火を使うようになった。食物を火で加熱することで栄養の吸収率が高まり、人類の食事は、農耕生活がはじまるまで動物性タンパク質が中心の狩猟採集生活になっていく。

農耕のはじまりによって、人類の生活は大きく変わる。定住によって財産が増え、財産をもとに交易がはじまり、コミュニケーションをとるなかで文字が発明され、いわゆる文化的な都市生活を送る者があらわれた。これに対して、古来の生活を送っている人びとを「劣った」人びととして見るようになり、それを「野蛮」として差別するようになった。

「文化的」な人びとのなかには、「野蛮」な人びとと同じような暮らしを厭《いと》い、粗野な食べ物や「野蛮な」食べ方を嫌う人があらわれ、やがてそれを「してはいけないこと」と決めるようになったのだ。タブーが生まれた一つのきっかけである。その対象は、生活習慣、服装、髪型、そして食べ物など、さまざまだ。

ユダヤの食において「神に選ばれた民だから」と、異民族との違いを明確にする意味が大きいと思われるタブーは、こうした人間心理によるものなのだろう。ヒンドゥーの人びとの場合はカースト制度があって、カーストの違う人間との接近、接触を嫌う。彼らが唾液や血液など、他人の体液に神経質になってタブーとするのも、差別化の考えによるものだろう。

食の禁忌の理由として考えられるもう一つは、食物として獲得するにはエネルギー消費が大きく、危険度が高い割に得られるカロリーが低いもの、あるいは、栽培するのに日数や手間がかかりすぎたり、ロスが多かったりする植物、飼育するのに必要な飼料や労働に見合うだけのカロリーが得られない家畜も食用に適さない、といった功利主義的な考え方である。

実際、古代エジプト時代のように、牧畜もさかんで、壁画には神々のためにウシを捧げる場面が数多く描かれているからといって、人びとが日常的にウシを食べていたかというとそうではない。神だから捧げるのであって、その恩恵に与《あずか》れるのは神前のお下がりを受け取れる王族や神官など一部の特権階級だけだ。ウシを飼う人びとは、生かしておけば農耕の労働力になり、乳も得られる。餌は麦わらなど、人が消化できない種類の植物で賄え、糞《ふん》は乾燥させれば青銅器などを作る際の良質の燃料になる。最良の食糧ではあっても、ウシを食べるのはごく限られた時だけなのである。

現在、ケニア北部で遊牧生活をして暮らすレンディーレ族などは、ウシの首から血を抜いて乳と混ぜたものを飲んで栄養にしているが、殺すことはない。

インドでウシを食べることをタブーにしたのは、それだけ人が豊かに暮らすために必要不可欠な存在だったというのが理由だろう。

同じようにブタも、もともと樹木が豊かな環境を好む動物であるイノシシを家畜化したものだ。ブタの飼育に乾燥、高温の環境はむかない。また、反芻しない動物であるために、ウシやヤギ、ヒツジのように高セルロースの植物は食べられない。人が食べるものに近いものを餌にしなくてはいけないのだ。自然にイモなどのブタの餌になる植物が育つ熱帯雨林の環境ならブタを飼うにあたっての負担は少ないが、西アジア、エジプトなどでは、穀物や豆など、人が栽培したものを与えなければいけない。彼らにとって穀物や豆は、保存のきく財産であるから、財産を食い潰す動物がブタなのである。

こうして見ると『旧約聖書』にある「反芻しないもの」は食べてはいけないという意味が理解できないだろうか。

ところが、その聖書のなかに、それでは説明のできないタブーもある。たとえば、うろこがないという理由でウナギやエビが禁じられるのはなぜなのか。聖書の成立と同じ頃のローマ人たちは魚介類が大好物だったはずだ。

ヒンドゥー教徒がそうだったように、古代では説明するのに困難な、所属のあいまいなものを好ましくないもの、穢れたものとする思考の傾向があった。魚のようで魚でない、ヘビのようでヘビでないウナギやナマズはうろこがない。イカやタコも、その形態から容易に説明できるものではない。貝類も得体が知れない。昆虫のようなのに水の中にいるエビやカニ、うろこのない魚のようなものから変身し、水中でも陸上でも生きられるカエル、鳥の姿をしているのに飛ばないダチョウ等々、食べて人体に害があるものは少ないにもかかわらず、食べることをタブーとされたものには、その文化のなかでつくりだされた神話、人びとの習俗、慣習などと密接な関係があるのだ。

頭がいい、かわいいものは食べないタブー

人は意思が通じ合える、あるいは通じたように思える生き物、かわいがっている生き物には食指が動かない。食べ物と思えなくなった時から、その生き物はタブーの対象となる。

「賢いペット」を代表するイヌやネコについて、それを宗教的にタブーとしているのは、主なところでは肉食動物を禁じているユダヤ教徒とイスラーム教徒、そして肉食そのものに厳しいヒンドゥー教徒くらいだろうか。

日本では、かつての鹿児島県の犬食については知られているし、世界各地にイヌを食用としていた歴史があり、今でもそれは続いている。現在では、動物愛護の観点から、犬食を強く批

判するヨーロッパ諸国でも、ドイツ、スイス、フランスでは、二〇世紀前半くらいまでは、犬食はめずらしいことではなかった。

それが今では、人に忠実な賢い動物、かわいい動物として食用とすることが、欧米中心のエスノセントリズム（自民族中心主義）によってタブー視されている。目下問題になっているのは韓国である。

二〇一八年の冬季オリンピックは韓国の平昌《ピョンチャン》で開催されることが決まった。それに対してイタリアのある女性の政治家は、公にイヌを食べる韓国でのオリンピックをヨーロッパ・レベルでボイコットしようというよびかけをした。彼女のボイコットのイベントを報道したイタリアの一部のメディアは、韓国で食用に処理される犬は年間一〇〇万～二〇〇万匹もあり、韓国人の六〇パーセントが食べていると報じた。この問題では一九八八年のソウル・オリンピックの時に、諸外国の批判の目にさらされる恥ずべき習慣として、政府の指導でソウル市内の犬肉料理店が閉鎖されるなど、大きな動きがあった。

「ジャパンタイムズ」は、二〇一六年五月四日、「嗜好の変化で韓国の犬肉業者は廃業へ」と題し、韓国の犬肉産業が衰退しつつあることを報じている。五〇～六〇代の韓国人男性の約半数は一年のうちで一度はイヌを食べているが、二〇代の男性になると二〇パーセントほどしか

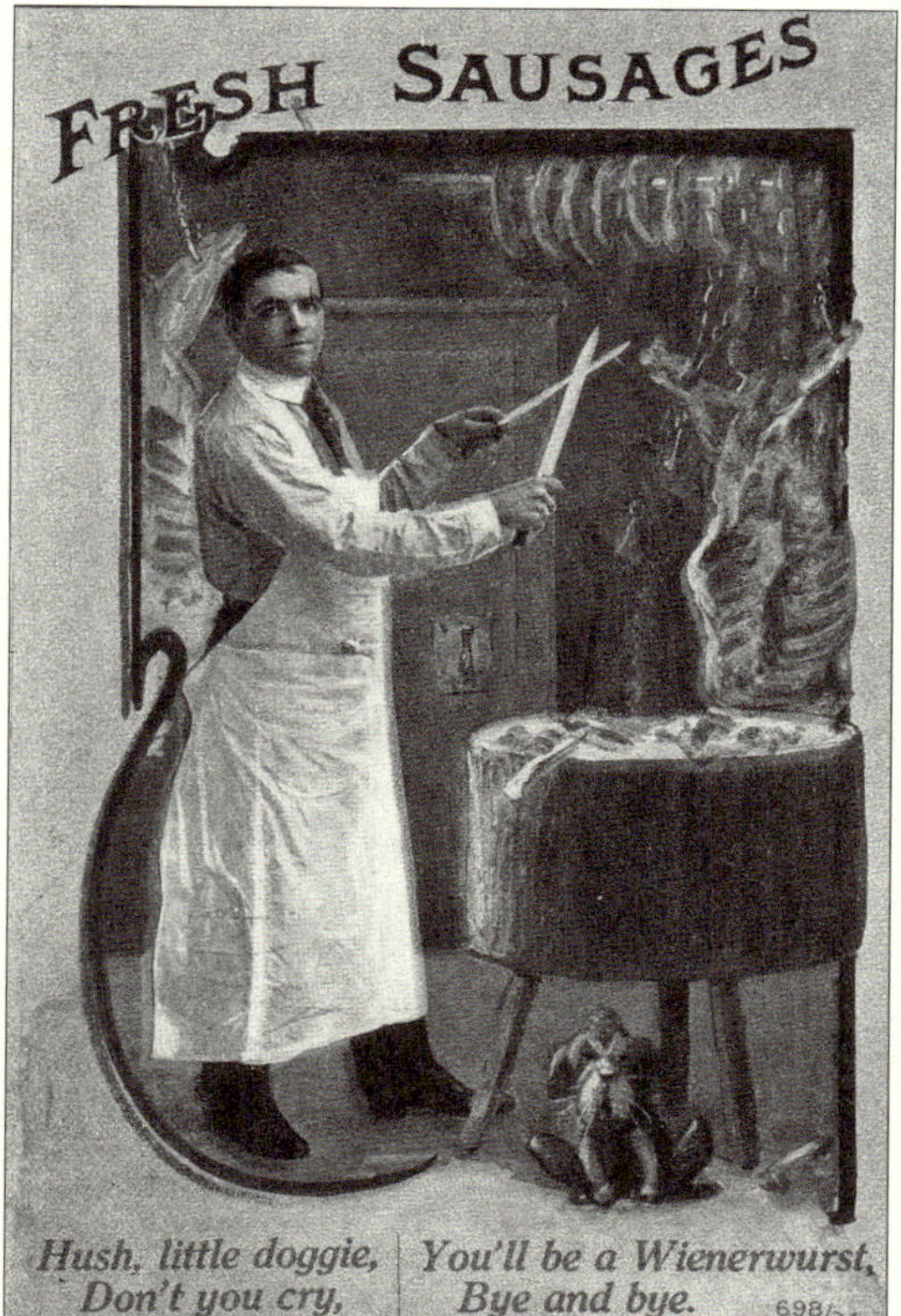

1910年の消印があるアメリカの絵はがき

「静かにしなよ、ワンちゃん、泣かないで。君もウィンナー・ソーセージになるんだからね。バイバイ」

いなかったという。

さらに、近年は韓国でもイヌをかわいいペットとして飼う家庭が増えてきたため、イヌが食材とみなされなくなってきたという傾向がある。今や女性との会話で、「イヌは美味い」などという発言はタブーになってしまっているほどだ。犬食を野蛮とみなす韓国人も増えてきている。中国でも、国際化にむかっている富裕層では、表向きには、犬食のタブーは広がりつつあるようだ。

しかし中国東北部や南部、広東省、広西チワン族自治区、湖南省、雲南省、貴州省、江蘇《こうそ》省、吉林省延辺朝鮮族自治州などの地域では、広く犬食の風習が残っている。広西チワン族自治区玉林《ユーリン》市では、夏至の頃に犬肉料理と茘枝《れいし》（ライチー）を食べようという犬肉祭り、「狗肉茘枝節」がおこなわれている。同時に会場では猫肉も用意される。イヌやネコの肉は身体を温める効能があるというので冬期にさかんに食べられる。夏のこの時期も、夏バテ予防に体力をつけようというもののようだ。茘枝も一緒に食べるのは、身体を冷やす効能があるので、犬肉を食べてのぼせすぎるのを抑えるためだという。

興味深いのは、この玉林市の犬肉祭りの歴史は、まだ二〇年ほどしかないことだ。二〇一一年には浙江《せっこう》省金華市で、六〇〇年以上続いてきた「金華湖犬肉祭」が残酷という批判を受けて廃止されているにもかかわらず、新しく祭りをはじめたところに、エスノセントリズムの観点から、伝統的な食習慣を批判されることへの反抗心があらわれている。

二〇一六年六月二一日、この犬食祭りを報道したBBCニュースは、現地の新華ニュース（同月一九日付）による、一六～五〇歳までの中国人の犬食についての記事を採りあげた。その記事によると、イヌをまったく食べたことがない人は約七割、犬食を禁じてほしいと望んでいる人は約半数だった。つまり、犬食の嗜好がある人、一度でも食べたことがある人は三割ほどはいるということになるので、中国の人口が約一三億七〇〇〇万人（二〇一五年）だから、その数は四億人少々……決して少ない人数とはいえない。

ペットのようであり、労働力として有用な動物という二つの要素を備えているのがウマである。ウマの場合は、最初に聖書のなかでひづめが割れておらず、反芻もしないというので食べることを禁じられた。当然、敬虔なユダヤ教徒はウマを食べない。また、飼育しているウマへの愛着があって、個人的に食べないと決めている人は多い。

しかし、ウマを食べないとしている欧米の国は少ない。七三二年、教皇グレゴリウス三世は、トゥール・ポワティエ間の戦いの直後、軍馬の需要が高まったため、聖書の「レビ記」に立ち返って馬肉食の風習をやめることを試みた。しかし、民間では、役に立たなくなったウマを手厚く葬ることなどはできず、貴重なタンパク源として食べることは止められなくて、掛け声だけで終わってしまったほどだ。

騎馬文化の国であるモンゴルやカザフスタンなどでもウマを食べるし、アメリカ、イギリス、アイルランドではタブー視されてはいるものの、動物愛護の理由からアメリカで食用のためにウマ（ロバも）を殺すことが禁止になったのは一九七一年になってからだ。古くから飢饉《ききん》や戦時には非常食にされるなど、二〇世紀までは世界各地で食べる習慣が残っていた。

ペットだから食べ物とは思えないとか、食べられないというのは、飽食の環境にあれば余裕をもって守ることができるが、病気を患っていて薬効を望む場合や、飢饉、飢餓の状態で、ほかに食べるものがなければ強要できないだろう。普遍的なものではないのだ。きわめて特殊な例だが、一九七二年、アンデス山中に飛行機が墜落した時、生存者は事故の犠牲者を食べて生き延びた。このような極限状態では人肉食であっても許されるとして、告発を受けることはなかった。

食習慣による差別

宗教、国、地域、民族などの集団で、特有の食習慣をもち、タブーがあることから、それが差別につながることがある。

　有名なところでは、フランスといえばエスカルゴ（カタツムリ）やカエルの料理だろう。英国人は「カエルなんぞを食う奴ら」というニュアンスを込めて、フランス人のことを「フロッギー」とか「ジョニー・クラポー（クラポーはフランス語でカエルのこと）」とよんだ。対してフランス人は英国人のことを「ローストビーフ」とよぶ。これはフランス料理のメニューの多彩さに比べて、英国人はローストビーフしか知らない奴らというニュアンスで使っているという。

「エスキモー」という言葉は、北極圏のシベリア極東部、アラスカ、カナダ北部、グリーンランドにかけてのツンドラ地帯に住む先住民族たちに対して長く使われてきた言葉だ。「生肉を食べる者」という意味に誤解されたまま、その野蛮さを強調し、侮蔑の意味をこめて使われていた。現在は、イヌイットなど、その地域の人びとが認める呼称になっているし、「エスキモー」の意味が「かんじきの網を編む」として正しく理解され、アラスカなど「エスキモー」を自称する人びとについては言い換えはしない。

　同じように、日本食に理解を示していない外国人は、日本人は刺身、寿司など、庖丁で切るだけの調理や、時に生きたまま動いている状態を食べることを残酷な行為として蔑んでいる。「生魚食い」である。その刺身には、魚だけでなく、ウシやウマ、さらには知能の高いクジラまであるのだから、海外で不注意に「刺身にしたら美味いのに」などの感想は言わないほうが賢明だろう。

対して、私たちがヨーロッパの人びとに「残酷」という印象をもちがちなのはウサギであろう。そもそもヨーロッパでウサギを食用に飼うようになったのも、日本で獣を食べることが禁じられていた時、ウサギは二本足でも立つので鳥類だとこじつけて食べていた（一説に、ゆえに一羽、二羽と数える）事情と似ている。四旬節（復活祭前の日曜日を除いた四〇日間）の断食（実際には肉断ち）の修行に我慢しきれなくなった修道士たちは、当初は魚でその欲求を満たしていたが、やがてそれも飽きて、生まれたばかりのウサギと胎児は肉ではないと、都合よく解釈し、食べはじめた。以降、修道院ではウサギの飼育に熱心になったという。後になって、断食の日に仔《こ》ウサギを食べることは禁止されたが、ヨーロッパではこのことがきっかけで家兎《かと》が増えた。

ヨーロッパでウサギ肉が美味しく食べられるメニューが多いのは、こうした歴史があるからだ。ネコを食べることは残酷だが、ウサギは食べずにはいられない。政治的な立場が違うと、理不尽なタブーの押しつけも受け入れざるを得ないということだ。

貧しさを象徴する食材もあり、これらを好物だと自慢したり、会食で注文したりするのは、

TPOによってはタブーになる。

その一つがフライドポテトだ。アメリカナイズされている私たちにとっては、とくに意識していないが、ヨーロッパでは上等な料理ではない。

ヨーロッパにジャガイモがもたらされたのは、大航海時代、一六世紀後半の南米からだ。その後の二世紀の間、ジャガイモには悪い評価しかなく、食物とはみなされていなかった。

キリスト教では、この新たな植物を、聖書に記述がないという理由で「悪魔の根」などとして食物とは認めず、民衆たちのなかには、毒があるとか、伝染病の原因であると信じる者もあった。ジャガイモを食べているという理由から、学校で虐められたりもしたという。フランスでは、長い間、ブタの餌としかみなされていなかった。

こうした背景には、当時のジャガイモが美味しいものではなかったということも大きな理由としてあったのだろう。

このジャガイモの認識を変えたのが、一七四〇年に即位したフリードリヒ大王（プロイセン）である。この当時は各地で飢饉が発生し、為政者として食糧の確保は緊急の課題だった。その時、彼は、ジャガイモがムギなどの穀物よりも収穫量が多く、冷害にも強いことに着目した。すでにアイルランドでは、ジャガイモを作物としたことで飢饉を免れていたからだが、大王が

フリードリヒ大王の墓碑

毎日のようにジャガイモが供えられ、その都度、レイアウトも変化するので面白い。ポツダム、サンスーシ宮殿

勧めるにもかかわらず、農民たちはなかなか受け入れなかった。

その対策として、王はジャガイモ畑を兵士に見張らせるなどして貴重であることをアピールし、民衆の栽培する意欲を駆り立てたとの逸話が残っている。その後、痩せた土地での農業を振興し、飢饉から人びとを救った。

ドイツの食卓ではジャガイモはパンと同等に扱われ、ジャガイモが食卓に上るともうパンは食べないほどに普及しているのは、こうした背景がある。ポツダムのサンスーシ宮殿にあるフリードリヒの墓にはジャガイモが絶えることなく捧げられている。

ドイツと違って、イギリスでは、救荒作物として普及したジャガイモは、農民食のイメージと結びついた。イギリスでとくにフライドポテトが下に置かれるのは、かの有名な「フィッシュ・アンド・チップス」だけでなく、ハンバーガー、スパゲティなど、いろいろな料理の付け合わせにできる手軽さにある。

だいたいヨーロッパでは、揚げ物は手抜き料理、貧しい人の料理だとみなされている。鮮度が落ちた食材は揚げ物にするし、手間も時間もかからないうえにカロリーが高い。こうした料理を上流階級は好まない。ジャガイモの揚げ物が蔑まれるのはこうした理由からである。フライドポテトにマヨネーズを付けて食べることを好むベルギー人をイギリス人が軽く見る理由も、これで明らかだろう。

実は、日本国内でも食物による偏見、差別は存在する。『被差別の食卓』（上原善広著）には、被差別部落のなかで食べられてきた食材が紹介されている。

部落差別は、とくに西日本では根深いものがある。近年、ホルモン料理が市中の表通りで営業されるようになった頃から、あからさまな差別は解消されたようだが、それ以前は、ホルモン料理の食材は食肉業に携わる人たちだけのものとされ、一般の商店に卸した後の食肉の残り物であったため、これらを常食する地域の人びとは蔑視されていた。上原氏はそのことについて触れている。部落問題はかなり解消されてきてはいるが、いまだに差別の問題は断ち切れていない。

ちなみに、ホルモン料理の「ホルモン」は関西弁の棄てるもの、「放るもん」に由来するとする説が一般的だが、本来はスッポン料理など、スタミナ料理すべてがそうよばれており、医学用語であるドイツ語の"Hormon"(ホルモン)、英語の"hormone"を語源とする説が有力である。それらの単語は、動物の体内の組織や器官の活動を調節する生理的物質の総称のことで、活力のつく栄養豊富なものとして名づけられたようだ。

こうした被差別民の間で食べられていた食事が蔑視されるのは日本だけではない。アメリカで白人警官による黒人の殺害事件が相次ぎ、そのたびに黒人差別を糾弾する暴動がおこっている。表向きの差別はなくなったが、黒人に対する嫌悪の感情は根深いのだ。

そうした黒人の食文化から世界的に市民権を得たのがフライドチキンだ。とはいえ、胸肉やもも肉ではなく、手羽先、足先、首の部分の唐揚げである。手羽先の唐揚げは日本の居酒屋で人気のメニューになっているところもある。

食人"Cannibalism"

人が人を食するカニバリズムという行為について、これまで扱ってきた一連の食のタブーと同じ感覚で記すのは適当ではないかもしれない。カニバリズムは食のタブーという範疇《はんちゅう》にはおさまらない。あらゆるタブーのうちでももっとも忌まわしく恐ろしい最大のタブーと感じる人も少なくないはずだ。

カニバリズムを直接に禁じる規定はモーセ律法にも『クルアーン』にもない。むしろ神に反抗すればその罰として「あなたたちは自分の息子や娘の肉を食べるようになる」（「レビ記」第二六章）と脅したり、陰口をききあったりすることを諫める比喩として「お前たち誰だって、自分の死んだ兄弟の肉を食いたいと思う者はなかろうが」（『クルアーン』第四九章）といっているくらいだ。

そうしたことから考えれば、人を食べてはいけないというのは、同胞を殺してはいけないということ以上に当たり前で、人間なら誰でも備えている本能的な感覚なのだと思いたくなる。誰もおかすはずのない罪なら、わざわざタブーとして規定する必要はないのだ。

だが現実は、そうでもないらしい。ヨーロッパで最古の原人の遺骨が発掘されたスペインのアタプエルカ遺跡では、遺骨の痕跡から食人行為がおこなわれていたと考えられている。きれいに切り分けられ、肉がこそぎとられていた骨の一体は、栄養失調だったと思われる子どものものだという。これはほんの一例にすぎず、食人を思わせる人骨の遺物は、世界各地で発見されている。

カニバリズムはこのように遺物から推定され、また中国の『韓非子』や『史記』などの文献に記され、さらに大航海時代以降はヨーロッパ人が「野蛮人」の風習として伝えてきた。現代でも時に猟奇的な犯罪が世間を騒がせている。おびただしい記録や言い伝えのすべてが事実とは限らないとしても、カニバリズムは人類の誕生から今日まで、至るところでおこりえた、またおこりうる行為であることは否定できない。

事実、ヨーロッパ人が「野蛮人」の風習とする以前、ヨーロッパでは乾燥人肉の粉が不老不死の妙薬と信じられ、ブームになっていた。人体のかたちはなくとも、これもカニバリズムだろう。

古代エジプトのミイラには防腐剤として、樹脂などがたっぷりと使われている。樹脂は、古くから香として儀式や葬儀で焚《た》かれたり、殺菌作用があることが知られていて、鎮静薬、鎮痛薬としてももちいられていた。中世になると、没薬《もつやく》の効能がヨーロッパに広まり、この時に古代の遺体のミイラが薬として、粉末にして売りだされ、人気をよんだのだ。古代のものが不足しはじめると、亡くなって間もない、ミイラ化の処理をされていない遺体を乾燥させて粉末に

通称「ルーヴルのミイラ」

紀元前3〜前1世紀のもの。遺体は麻布で丁寧に巻かれており、樹脂が黒く染みでているのがわかる。ミイラは樹脂で固まっているので、これをたたき割り、肉体と包帯に分ける。肉体のほうは粉末に、包帯からは巻き込まれた金製品や宝石を奪っていた。

古代エジプトでは3000年にわたってミイラがつくり続けられたはずなのに、こうして完全な形で残っているものはめずらしい。

（ルーヴル美術館蔵）

するようなこともしていたという。

江戸時代初期、日本にもミイラの粉末はポルトガル人からもたらされている。中国では『本草綱目』などに、「木乃伊（ムーナイイー）」として人由来のものであることが記されている。ムーナイイーとは、アラビア語の瀝青《れきせい》（コールタール）を言う「ムミアイ」に由来している。英語でミイラのことをマミー“mummy”というのはムミアイに由来するからだ。日本では、この漢字表記の「木乃伊」にポルトガルから伝わった、別の没薬「ミルラ」のよび方をあてたために、「木乃伊」を「ミイラ」とよんだ。

カニバリズム“cannibalism”という語はスペイン語で食人種を意味するカニバル“canibal”に由来する。インドを目指し、インドに到達したと信じていたコロンブスら一行は、カリブ海の先住民カリブ族を人食い人種とみなした。またカリブ族と敵対するアラワク族はバルバコア“barbacoa”とよぶ台をもちいて肉を焼くが、焼かれていたのは人間の脚だったという報告もある。ちなみにバルバコアはバーベキューの語源とされる。

こうした報告が真実だったのかどうか今となっては確かめようもないが、ともかく大航海時代を通じてカリブ海の先住民は野蛮な人食い人種だという風評が伝わった。ただし、ほかの地域でもいえることだが、先住民を野蛮人と決めつけることで、ヨーロッパ人は侵略や植民にともなう先住民への暴力行為を正当化してきた歴史がある。そのため、ヨーロッパ人が記したカニバリズムの報告はまったく信用に値しないという論もある。

さて、カニバリズムはどういう背景でおこなわれるのかという視点から、大きく二つに分けることができる。一つめは特定の社会で受け継がれてきた習俗としての食人行為。二つめはそれ以外、つまり飢餓に対応する緊急的な行為や、個人の特異な嗜好による行為である。

好戦的だったとされるカリブ族は敵対するアラワク族の戦士を食べていたとされるが、それが本当だったなら、習俗としてのカニバリズムである。この種の例は過去、世界各地で報告されており、敵を食らうことで敵に恐怖心を与えるためとか、復讐のため、あるいは敵のパワーを取りこむ意味があったなどと考えられてきた。

敵ではなく仲間を、その死を悼む何らかの儀式をともなって食べていた人びともいる。ニューギニア高地のフォレ族は一九六〇年代まで死者を調理して葬儀の「饗宴」をおこなっていたことで知られる。死者を食べることは彼らにとってふたたび死者とつながるという意味があった。また「おいしい肉」（彼らはそう表現したという）を異なる集落の住民と分かち合うことは集落間のいざこざを抑える機能を果たした（ダニエル・T・マックス『眠れない一族』）。ならば、フォレ族の食人行為は単なる野蛮な行為ではなく、一種の文化である。

ちなみに「食べてやる」という表現は彼らの日常的な挨拶だったというが、この習慣的な食人行為による代償は非常に恐ろしいものだった。彼らの間で「クールー」とよばれる奇病がふつうでは考えられないほど高率で発症していたが、それはプリオンという異常タンパクが病因とされている牛海綿状脳症（BSE）に似た病気で、食人行為により感染していたのである。

次に、飢餓に対してのカニバリズムの例をみてみよう。ヨーロッパでは中世におきた何度かの大飢饉の時には食人行為が横行した。日本では豊臣秀吉が鳥取城を兵糧攻めにしたさいに、城内が死者の肉を奪い合う飢餓地獄と化したという話がよく知られている。

一九七二年にアンデス山中に飛行機が墜落した事故（前述）では、生存者のうちウルグアイの学生ラグビー選手ら一六人が死んだ仲間の肉を分け合いながらおよそ一〇週間を生き延び、生還を果たした。この衝撃的な事実は複数のノンフィクションとして詳しく記録され、何度か映画化もされて、極限状況で生きることの意味を広く世界に問いかけた。

太平洋戦争のさなかガダルカナル島やルソン島などで一部の日本兵が究極のタブーをおかしたとされているが、これもほかに食べるもののない極限状態でのカニバリズムの例である。一方で、辺見庸のルポルタージュ『もの食う人びと』の「ミンダナオ島の食の悲劇」によれば、同島の残留日本兵は集団で、「野豚も野鹿も猿もいた」山から村に降りてきて住民を殺して煮て食べていたという。山を少し下ればサトイモも生えていたというのに、彼らがよりによって「あれを、しかも数十人も食ってしまうなんて……」と、その理由を謎のままにしている。

ところで、日本の刑法には食人行為そのものに関する規定はないので、もし遭難現場で緊急避難的に死者を食用としてもおそらくは罪には問われないが、個人が死者を弔いの気持ちで、あるいは性的な幻想とともに、また単純に嗜好として食べた場合は、法的には死体損壊などの罪に問われるかどうか、という問題になるだろう。しかし殺して食べた、となると、これはもう明らかに重罪である上、もっとも忌まわしいタブーの侵犯だ。

一九八一年にパリで、日本人留学生がオランダ人女性を射殺し、屍姦《しかん》した後、生のままで、また調理して食べるという衝撃的な事件がおこった。犯人の佐川一政はしかし、心神喪失状態だったという理由でフランスで不起訴処分となった。当時、肉や魚を生で食べる日本の習慣を事件と結びつけた見当違いの人種差別的な発言もあったようで、日本人にとっては非常に忌まわしい記憶となっている（マルタン・モネスティエ『図説 食人全書』）。だがこの種の猟奇的犯罪に関して、日本人が特別というわけでは、もちろんない。殺して食べる、あるいは食べるために殺す連続殺人事件は、たとえば二〇世紀の米国で判明しただけでもかなりの数にのぼる。

人類最大のタブーをおかすことの刺激の強さゆえか、カニバリズムをテーマとした作品は非常に多い。文学では被害妄想の話ではあるが、魯迅《ろじん》の『狂人日記』が有名だろう。先に記した『本草綱目』を「本草何とか」として引き合いに出しながら、「四千年間、人食いの歴史」を自覚する主人公の心の闇を描く。

「パリ人肉事件」の佐川一政はその後、帰国して、みずからの体験をもとに何冊も本を出している。先に述べたアンデス山中の遭難事件をあつかった『生存者』『アンデスの奇蹟』『アンデスの聖餐』などのノンフィクション作品は世界中で読み継がれている。

さらに『ソイレント・グリーン』『悪魔のいけにえ』『羊たちの沈黙』といったSF、ホラー、サスペンス仕立ての映画や小説は、枚挙にいとまがない。ちなみに『サイコ』の殺人鬼「ノーマン・ベイツ」や『羊たちの沈黙』に登場する「バッファロー・ビル」には、実在のモデルがいるという。

第四章　現代社会のタブー

現代の新しいタブー

ＳＮＳなどを利用して、「あなたにとってのタブーは？」と検索すると、英語だけでもさまざまな書きこみや投稿が見られ、各国の現代社会でタブーと考えられていることがらが浮かびあがってくる。

そこにはもはや、文化人類学の分野で調査、研究されている死や葬儀にまつわるタブー、邪視に関わるタブーのような、習俗の領域にあるものはほとんど登場しない。日常の社会生活上でのタブーがほとんどだ。肥満（米国）や水の無駄遣い（オーストラリア）であり、ＥＵ離脱につながった愛国主義（英国）などである。そして何より、トランプ大統領の就任で浮かびあがった、根強くある人種差別に関わることがらや異教徒差別、ホロコーストに疑問をもつこと、トルコにおけるアルメニア人虐殺問題などが深刻なタブーとして意識されていることがわかる。

いくつかのＳＮＳから「現代のタブー」を紹介してみよう。

ただし、ここで見えてくるタブーは、ネット上に英語で自由に書きこみができる環境にある国、教育水準、年齢層などにより、偏向していることをお断りしておきたい。また、全体にリベラルな傾向の参加者が多いことも当然、予想される（保守的なイスラーム教徒なら、飲酒はタブーとせず、宗教的戒律であると肯定的に考えているだろうから）。

現代米国のタブー

トランプ大統領の就任で、米国のタブーと意識されたのが、「民主主義に異を唱えること」だ。トランプ大統領の民主主義を無視した政策を、ファシズムの肯定と同じような感覚で嫌悪し、デモが繰り返されていることからも明らかだ。オバマ前大統領の就任演説では、共産主義に関してはファシズムと並べて、「先人たちはミサイルと戦車だけに頼ることなくファシズムとコミュニズムを屈服させた」と述べている（ちなみにこの当時、中国の一部の報道機関はこのコミュニズムの部分を削除したとされる）。しかし今、この国ではトランプ大統領の登場でオバマ時代までは「絶対的」なタブーと思われてきた「民主主義に異を唱えること」が揺らいでいる。

もう一つが、人種差別、宗教差別だろう。大統領に就任したトランプは、二〇一七年一月二七日、イスラーム教徒が多数を占める七カ国の国民の入国を九〇日間停止し、難民の受け入れを一二〇日間凍結、さらにシリア難民の受け入れを無期限で停止する内容の大統領令に署名した。人種差別、宗教差別がタブーとされてきた米国で、この大統領令に反対して激しく抗議する人びとがあるものの、あるアンケートでは、「支持する」が「不支持」を上回る結果になった。テロへの脅威ということもあろうが、この結果に米国国民の本音が見えて、戸惑った方も少なくないのではないだろうか。

移民問題は、実際にシリアからの難民に直面しているヨーロッパでも、人びとの嫌悪感、差別の感情が表面化してきており、国の政策の方向性を変える動きに発展している。

さて、日常生活での米国の新しいタブーを紹介しよう。いかにもこの国らしいのは、「肥満」である。太っていることをファットとはよばずウェイト・チャレンジド（「体重に困難がある」の意味）とよびかえようといったポリティカル・コレクトネス（差別的な表現をなくそうとする動き）の風潮も米国ならではだが、社会的地位の高い人びとにとってはとくに、肥満そのものがタブーなのだ。ベルトの上にお腹がのっかっているような男性は、自己管理能力を問われてしまう。女性に向かって「最近ちょっと太った？」などと聞くことは、タブーといってよい。これは米国に限らず日本でも同様だ。

また米国では一般に、明るく外向的であることが社会的成功を収めるための条件だと考えられている。したがって、「内向的な性格」は一種のタブーのように思われ、性格改善のためのさまざまなプログラムが用意されている。

二〇〇八年のジム・キャリー主演の映画『イエスマン』は、いつも後ろ向きな男が自己啓発セミナーで何にでもイエスと答えることにしたら、人生がどんどん好転していくというコメディで、常にポジティヴであるべきという米国人の価値観をストレートに反映している（とはいえ、実体験をもとにしたという原案は英国人男性によるものだ）。それにしても内向的な性格がタブーという社会は、映画のように簡単に自分を変えられない内向きでシャイな人びとにとっては、なんとも住みにくいに違いない。

米国の現代的タブーはほかにもいろいろあるが、もう一つ、いかにもこの国らしいタブーをあげておこう。「進化論」である。米国の一部の州、一部の学校で、キリスト教右派の影響によりダーウィンの進化論がタブーとされているのは、よく知られていることである。

進化論はイスラーム圏では絶対的なタブーであり、政教分離を国是とするトルコでも進化論教育についての議論はタブーあつかいである。米国の事情はさらに複雑で、進化論そのものをタブーとする人びとがいる一方、それに対抗して近年展開されているインテリジェント・デザインという説こそタブーとする人びともいる。

インテリジェント・デザインとは、「偉大なる知性」が宇宙や生命を設計したという概念で、ジョージ・ウォーカー・ブッシュ元大統領がその支持者だったこともあって、一時期、公教育への導入をめぐり大論争がおこった。何を信じるのも自由のはずの米国に、進化論そのものも、それに対抗するインテリジェント・デザインも、そして進化論教育についての議論すらもタブーとなりうるという不毛な現実がある。

二〇一六年五月にオバマ大統領が米国大統領としてはじめて広島を訪問し、安倍首相も一二月に真珠湾を慰霊に訪れたことは大きなニュースになった。しかしアメリカ人と日本人との間では、太平洋戦争について、とくに「真珠湾」「原爆投下」の話題に触れることはいまだにタブーだ。米国では、多くの人が原爆投下は戦争を早期に終わらせるために必要だったとの認識だ。日本での報道では、原爆の投下は誤りだったとするごく一部の少数意見を述べる人が登場するが、多くのアメリカ人はそうは思っていない。

原爆をもちいたことで早い段階で日本に降伏を決断させ、米軍をはじめとする連合軍による日本本土への侵攻を未然に防ぐことになり、両国にとって良かったと考える人も多い。子どもの頃からそのように教育を受けている以上、意識を変えることは困難だ。

現代ヨーロッパのタブー

ヨーロッパ諸国での最近のタブーは、多くの人が神経質になっている難民、ＥＵ内での移民に関係する政治問題、イスラームなどの宗教問題だ。加えて、根強くあるのが、ＥＵ全体ではホロコースト見直し論が絶対的なタブーとされるし、第二次世界大戦に関わることでとくに関係者が生存中の場合、軽々しく口にはできない話題というのも、国ごとにあるようだ。

ホロコーストの見直し論は、現代、世界規模のタブーのリストの真っ先にあがる問題である。後述するトルコにおけるアルメニア人虐殺問題は一九世紀末から二〇世紀初頭、オスマン帝国でおきたとされる事件で、ヨーロッパ諸国とトルコの見解が真っ向から対立している。「南京大虐殺」も同様だが、これら歴史に起因する問題は不用意な議論が許されないという意味でまさに政治的、現代的なタブーといえるだろう。人種問題やホロコーストのようなタブーは個々に別項で扱うべきだが、以下、それ以外の新しいタブーを国ごとに拾ってみよう。

ヨーロッパのなかで、EUからの離脱を選び、独自路線を歩もうとする英国にもあらたな問題がおこっている。私たちが一般に「英国 England」として認識している国は、実は、イングランド、スコットランド、ウェールズ、北アイルランドの四つの国の連合国で、正式名は「グレートブリテン及び北アイルランド連合王国」である。スコットランド、ウェールズ、北アイルランド、これらの国に行って、「英国 England にいる」と言うと、しばしば誤りを正される。それぞれの国の独立意識は高く、とくに独立を問う住民投票がおこなわれたスコットランド、またウェールズで「英国 England にいる」という誤解はタブーである。

また、行き過ぎた愛国主義は今どきのタブーで、土産物店にユニオンジャックが溢《あふ》れているのに反して、誰も家の外に国旗をかかげたりはしない。イギリスの全国民がユニオンジャックを振るのはオリンピックの時だけのようだ。

聖職者の下ネタはたくさんのジョークになっているが、聖職者による小児性愛、児童虐待の問題だけは、ジョークにするのも不謹慎なタブーだと考えられているようだ。これも、二〇〇二年にアメリカの宗教界を震撼《しんかん》させた事件を反映していると思われる。ボストン大司教区の神父による長年の性的虐待事件と、カトリック教会によるその隠蔽が、メディアの取材により明らかになったのだ。これは米宗教史における最悪の危機に発展し、さらに同様の告発が米国国内だけでなくオーストリアやアイルランドなど他国でも相次ぐなど、各地に飛び火した。

英国も例外ではなく、プロテスタントの英国人牧師による小児性愛がらみの事件などが散発的に報告されている。おそらく旧来、闇に葬られてきた宗教界の一面が、現代になってようやく告発されるようになったということだろう。児童への性的虐待は単独でも重大なタブーだが、さらに宗教界との結びつきとなると、話題にするのもおぞましいとなる。

英国では同性愛はタブーではない、とされる一方で、いまだゲイのカップルは嫌われることもあり、この国もやはりマイノリティーには住みにくそうだ。ちなみにゲイは嫌われるがレズビアンのカップルはさほど嫌われないという。

フランスにはタブーなどないと言い切る者もあれば、別の者は、すべて政治に関わることはタブーであるという。また給与などの話題もタブーである。これは英国でも同じだが、政治、雇用条件、給与などについて問われるのはプライバシーを侵されているように感じるようだ。相手に聞くことはもちろん、自分の経済的状況を話すことも、タブーとされている。

ほかには、宗教や人種などに関係なく隣人同士の助け合いについて、人びとはどんどん後ろ向きになっているというものもある。おそらく差別にからむ問題をタブーあつかいにして、触れないようにする人びとが大勢いるということなのだろう。どこの国でも事情は同じである。

ドイツはなんといっても現代の欧米社会最大のタブー、ホロコースト見直し論のそもそもの震源地であり、これに関する言及が多いのは当然といえる。別項で述べるが、ドイツ、オーストリアには見直し論自体を禁じる法律もあり、とにかくナチス擁護は重大なタブーであり法律違反なのだ。また、個人的に大戦の経験を聞くこともタブーに近い。大戦の経験者はどんどん少なくなり、家族ぐるみで抱える重い歴史も永遠に閉ざされようとしている。

ドイツでは、どの政党に投票したか口にすることをタブーと考える人もいる。政治的、歴史的なタブー以外では、中絶と自殺がタブーとされる。

なお、ドイツに住むアイスランド人から、捕鯨はタブーとされているという投稿があった。この件に関してドイツ人はアイスランド人の言い分に耳を貸さないのだそうだ。おそらく捕鯨擁護論がタブーでないのは、先進国ではアイスランドとノルウェーと日本くらいだろう。この三カ国の人間がほかの国の人間にむかって捕鯨の正当性を主張しようものなら、友好的な雰囲気が吹き飛ぶことは十中八九間違いない。

第二次世界大戦の話題はタブー、というのはポーランドでも同様である。加えて、年配者にむかって「共産主義の時代にあなたは何をしていたのか?」と聞くこともタブーである。これは東独の旧共産圏すべてにあてはまることだろう。フィンランドも第二次世界大戦ではナチス・ドイツに、戦後ソ連崩壊まではソ連の勢力下におかれたため、ナチスとソ連に関する話題は時と場所を選ぶという。

スペインでは第二次世界大戦に先立ち内戦が起こったが、内戦やそれに続くフランコの独裁政権に関する話題を個人的にもちだすことはタブーではない。政治的なタブーもとくにないが、右派の支持者はそれをあまり公言しない。左派であることが一種のファッションのようでもある。ちなみに、イラク戦争開始時にそれを支持したアスナール元首相は右派で、次のサパテロ前首相は左派である。

以上のような戦争や紛争に起因すること以外では、ルーマニアからの投稿者がジプシー（ロマ）をタブーだとしている。ロマは今もヨーロッパのほぼ全域で差別の対象となっている。ルーマニアはもっとも多くのロマを抱える国である。

ベルギーでは、王室をジョークのネタにするのはタブーだという。英国人が王室でもかまわずジョークのネタにするのとは対照的だ。このベルギーからの投稿者はもう一つ、国内にいる外国人をジョークのネタにするのもタブーだと付け加えている。

スウェーデンからは、酔っぱらいはタブーだという報告がよせられた。スウェーデンとノルウェー、フィンランドはアルコール度の高い酒は数少ない酒類専売所でしか購入できず、購入できる時間も限られている。飲むにしても自由ではなく、ピクニック気分で公園で缶ビールもタブーなほどだ。気楽な観光とはいえ、飲酒に気遣いが必要なのはイスラーム諸国だけではないのだ。

現代アジア、オセアニアのタブー

アジアや中東、オセアニアなどのタブーを拾ってみる。ただし、これらの地域からの発信は欧米諸国に比べて絶対数が少ないことを、最初にお断りしておく。

まずは中国からだが、投稿は主に習俗に関することで、たとえば、中国人は四を嫌い八を好むとか、葬式では赤いものを身につけるのはタブーで黒い服を着なければいけない、などという内容だ。八月八日八時八分を大切にする人は多く、この瞬間を邪魔することはタブーであり、気を遣う必要がある。北京オリンピックの開会式も二〇〇八年八月八日午後八時にはじまった。春節（旧正月）の決まり事も紹介されており、これを祝う七日間は死にまつわることを話してはいけない、旧正月の最初の日、つまり元旦は、床掃除をしてはいけない、洗髪をしないなどのタブーもあげられている。

明の時代からのタブーに、男性が緑の帽子をかぶるのは不名誉なこと、恥ずかしいことで、その格好を表現する「載緑帽子」は相手を侮辱する言葉になる。それは「妻に不貞をはたらかれた男」「妻を寝取られた男」を意味するからだ。臆病さと帽子をかぶることが結びつけられたのだろうが、なぜ緑なのかの明確な理由はわかっていない。

現代的なタブーとしては、反政府は最大のタブーであるという投稿がわずかにあったが、これこそまさに現代中国の最大の問題の一つだろう。いろいろ抜け道はあるようだが、世界とつながりやすいFacebookやLINEなどのSNSは制限されている。

民主化を維持したい香港や澳門《マカオ》、独立志向のチベットやウイグルもタブー視され、汚職事件はもみけされる。また、ネット情報にはフィルターがかけられ、死刑の実態は公表されない。欧米諸国からみれば、中国のこのような状況は、国家と漢民族にとって都合の悪いことはすべてタブーと映る。

インドネシアからは、フリーセックスはタブーで、ミニスカートも認められていないといったことのほか、立ち食い・立ち飲み、テーブルに腰掛けることなどマナーの問題、またイスラーム教徒にとって一般的なタブーが紹介された。人前でキスするのは相手が妻でもタブーという投稿に対して、欧米人から「空港で奥さんにさよならのキスをしたら、牢屋に入れられるかもしれないのか！」とあきれた調子のコメントがあったが、これこそ文化の違いというものだろう。インドネシアの投稿者はコメントに対して冷静に、「別に法律違反というわけではないので旅行者は安心してください、でも私たちの社会ではそうなんです」と説明していた。

挨拶としてのキスや抱擁をしない地域では、それらも性的な行為と思われ、タブー視されても仕方がない。ハリウッド映画を通じて米国の流儀は世界中に知れ渡っていると考えられがちだが、やはり公衆の面前でのキスはタブーという国は数多い。インドでは二〇〇七年、米国人俳優リチャード・ギアがエイズ撲滅キャンペーンのイベント会場で、当地の有名女優にふざけ半分で激しく迫って頬にキスをしたら大騒動となり、二人に逮捕状まで出てしまった。

インドといえばカースト制度を含めヒンドゥーのさまざまな伝統にしばられたタブーが数限りなくあろうことが想像されるが、そのような習俗的なタブーに関する投稿はなかった。ただし高位カーストと思われるある投稿者は、自分のカースト内では婚前交渉と、ノンベジタリアンの食べ物と、アルコールやタバコなどがタブーであると報告している。

インドのタブーとして「アンベードカル」をあげる投稿者もいた。アンベードカルとは、独立後のインド初代法務大臣をつとめ、インド憲法の起草に携わった「インド憲法の父」とよばれる人物の名である。彼は被差別階級出身だが、当時では非常に稀《まれ》なことに学問を究め、政治の世界でも成功した。そして憲法にカーストによる差別の禁止を盛りこむことに尽力し、しかも晩年、カースト制度を支えるヒンドゥーそのものに背をむけて数十万の被差別者とともに仏教に改宗したのである。このアンベードカルを嫌い、その名をタブーとする人びとは確かに少なくない。どのような階層に属するのかは、いわずもがなだろう。

政治的なタブーとしては、カシミールをめぐるパキスタンとの積年の対立に関して、柔軟策を論じることはタブーだという意見があった。国内最大の問題、イスラームとヒンドゥーの対立をタブーとするコメントも目につく。具体的には、ヒンドゥー至上主義者に対してイスラーム教徒を擁護することも攻撃することもタブーということなのだろう。性的な面では、同性愛は深刻なタブーであるほか、同棲、婚外子などもタブーとされる。

インドの隣国パキスタンでも、やはりカシミール問題はタブーである。パキスタンではほかに、イスラームの国らしいタブーが並ぶが、とくに宗教の話題、他者の宗教について異教徒が自分の意見を述べることは大きなタブーだという。

クウェートからの投稿者は、やはりイスラーム文化圏らしいタブーを箇条書きで多数あげている。まとめると、まずイスラーム以外の宗教はタブー。神への否定的な意見、無神論ももちろんタブー。王と王家への否定的な意見はタブー。自由主義、自由な意見の表明も許されない。アルコールやドラッグは御法度。同性愛、ポルノグラフィはもちろん、セックス一般に関してもタブー。また宗派の異なる相手、他国籍の相手、異なる階級の相手との結婚が許されないばかりか、ロマンティックな恋愛関係もタブーだという。

イスラエルからの投稿者は、外からみえるほど宗教的ではないし、狂信的な愛国主義者ばかりでもないので、ほかの国の人びとが想像するほどには厳しいタブーは多くないと主張する。たとえば兵役を逃れようとする若者は多いし、若い世代で自分の息子に割礼をさせたくないと思っている人は少なくない。またホロコーストに関するジョークすらあるという。

オセアニアではオーストラリアから、水の無駄遣いは現代オーストラリアの新しいタブーで、家の前の私道に水を撒いたりすると顰蹙《ひんしゅく》をかうという報告があった。もちろん背景には、非常に深刻な水不足がある。オーストラリアでは人種問題について論じることはタブーではないが、先住民アボリジニの「盗まれた世代」（一九世紀後半からおよそ一〇〇年にわたる児童隔離政策により、家族から引き離されて育てられた世代）の話題は非常にデリケートだ。

ニュージーランドでは原子力や遺伝子操作に対して世論はおおむね否定的らしく、これらの擁護はタブーらしい。先住民マオリに関しては、誰かにマオリの血をひくかどうかたずねることは、タブーだろうと考えられている。

ここで一つ加えておきたいのはトルコについてである。トルコでは、今日の豊かな国に導いたムスタファ・ケマル・アタチュルクは半ば神格化された存在であり、彼を誹謗《ひぼう》中傷すると穏やかではいられなくなる。トルコで最大のタブーと言えるのかもしれない。実際、タブーの域を超えて違法行為であり、不敬行為として禁固刑が科せられる。

しぐさとしては、私たちが手遊びでおこなう「おキツネさんの手」がトルコではオオカミを意味し、タブーだ。トルコ民族の祖が天から降りた灰色のオオカミだったとか、民族の祖となる幼児が灰色のオオカミに育てられたなどの伝説があり、その象徴がアタチュルクと重ねられているために、彼を讃えるのではないかと思えるが、今日、オオカミはトルコの極右武装組織の象徴となっている。組織に属している者は、国会議員として表立って活動する者もあるが、多くは政府や警察と裏で手を結び、暗殺事件をおこす者、マフィアとして権力を行使する者など、社会に潜んで活動している。その彼らの同志への合図が「おキツネさんの手」なのである。

ちなみに日本からは、日本に住む欧米人が、箸使いについてのマナーなど、日本文化に触れた時に注意されたことをタブーとしてあげている。

タイの不敬というタブー

二〇一六年一〇月一三日、タイのラタナコーシン王朝九世、プミポン国王が逝去した。一九四六年に一八歳で即位して以来七〇年にわたって国を治め、存命中の君主としては世界でもっとも在位の長い国王として知られていた。

国王は、王室主導で稲作や酪農など数多くのプロジェクトを実施し、農村の振興や貧困対策に力を入れてきた。また国内では、たびたび軍事クーデターがおきるなど政治の混乱が繰り返されてきたが、時に国王みずからが対立する政治勢力の間に入って仲裁をおこなうなど、政治の安定に重要な役割を果たしてきた。たとえば、一九九二年、軍部と民主化を求めるグループとの衝突が発生し、多数の死傷者が出た時、軍を背景にする当時の首相と民主化運動の指導者をよびだして話し合いをさせ、混乱を鎮めたこともあった。

こうしたことから、プミポン国王はタイの国民から絶大な尊敬を集め、至るところに国王の肖像画や写真がかかげられている。遠く離れた日本に移住している人でも、国王の写真を掲示している人があるほどだ。その国王が亡くなるや、テレビの画面は白黒に切り替えられ、派手な色彩のものには黒いカバーが被せられた。人びとは黒を基調とした服を身につけて弔意をあらわした。夜の街では娼婦さえも黒い服で立った。

戦前の日本であれば天皇に対して同じような心情を抱いていたのかもしれないが、今の皇室のあり方しか知らない多くの日本人のなかには、タイのようすは異様に思え、恐れさえ抱かれた方もあるだろう。そのままを見れば、どれだけ国王が国民に慕われていたかのあらわれと見える。しかし、この国に不敬罪という罰条があることから、あえてそうしなくてはいけないという事情もあり得る。

タイの不敬罪は世界でももっとも厳しい内容のものと言われている。刑法第一一二条に定められており、王室に対する批判、中傷、侮辱、敵意をあらわしたとみなされたら、三年から最長一五年の禁固刑が科せられる。今回の国王への弔意も、それを公然とあらわさなかったとみなされて罪に問われる可能性があるという恐れからかもしれない。

二〇一五年一〇月には、反体制的なタイ語のサイトで、過去の不敬罪の判例をイラストで紹介したことが抵触した。同じ年の一二月には、国王の愛犬「トーンデーン（タイ語で「銅」の意）」が死んだ。その愛犬は忠誠と従順さを称賛され、国王みずからが子ども向けの絵本『奇跡の名犬物語』（世界文化社、二〇〇六年）を著しているほどの存在だったこともあり、この愛犬をFacebook上で風刺を交えて中傷したとして、タイ人男性が逮捕された。二〇一六年四月、LINEでは、タイ王室についてのスキャンダルや噂を題材にしたスタンプ、趣味のサックスに興じる国王などのスタンプが削除の対象になった。

このようにタイでは、国王や王政を批判する言動をしようものなら、有無を言わせず逮捕されるのは当然のことである。そして不敬罪の適用はタイ国民だけでなく、外国人にもありうることなのである。深い知識もなくタイの王室の話題に入るのはタブーなのだ。

イスラームに対する不敬行為

信教の自由が認められている私たちには、イスラーム教徒になることも、改宗することも自由が認められていると思いがちだが、興味本位にイスラーム教徒になることもタブーである。

ひとたびイスラームに入信してしまうと「（原則として）改宗はできない」。イスラームを信じなくなったとしても、それがその人の心のなかだけなら問題はなく、それを非難されることもない。イスラーム教徒のなかにも温度差があって、海外に出るとアルコールを嗜んだり、ラーメンやトンカツなどに舌鼓を打つ人があるが、原理主義者以外はイスラーム教徒同士でそれを非難し合うことがないのも、個人の信条によるものとみなしているからだ。

二〇一四年五月一五日、スーダンのハルツームで、キリスト教徒であることを主張するメリアム・ヤヒア・イブラヒム・イシャグさんという二〇代半ばの女性に、イスラームに対して背教行為を犯したとして絞首刑が言い渡された。

彼女はイスラーム教徒の父親とエチオピア正教会のキリスト教徒の母親の間に生まれた。ところが父親は、彼女の幼年期に不在となり、母親によってキリスト教の信者として育てられた。イスラームでは、イスラーム教徒の男性がほかの宗教の女性と結婚した場合、その子どもはイスラーム教徒とみなされるが、実際の彼女の信仰の環境はそうはならずにキリスト教徒として育つことになったのだ。

イスラーム法では、イスラームから改宗することはできないとされている。イスラームから離れ、改宗すると死刑になる。彼女の父親のように、イスラーム教徒の男性は異教徒の女性と結婚することは許されているが、女性は異教徒の男性との結婚は許されていない。発覚すれば、それは結婚とみなされず、姦通罪とされ、死刑になる。

イシャグさんに死刑の判決が下されたのは、彼女がキリスト教徒の男性と結婚し、子どもを身ごもったからだった。まず姦通罪の判決が下され、鞭打ち一〇〇回の刑が科せられた。さらに、彼女自身が「私はキリスト教徒であって、イスラームへの背教行為はしていない」と主張するのをやめなかったため、背教行為とみなされ、死刑が宣告されたのである。

判決を出すまでにイスラーム側の判事もイシャグさんに対して、改宗するように説得し、三日間待ったが、それでもイスラームに戻るつもりはないという返事だったので絞首刑を言い渡したという。

最終的に彼女の処遇については、欧米政府や人権団体から非難が集中し、上訴審で判決が取り消され、六月二三日に釈放された。イシャグさんは刑務所内で女児を出産していた。

彼女の家族は、米国に出国することになるが、それまでにさまざまな妨害とも言える手続きを経なくてはならなかったことは言うまでもない。

トランプ大統領が米国への入国禁止措置をとった国には入らなかったものの、宗教的に厳格な姿勢をとるのがサウジアラビアである。この国のことを知る人は少ない。観光ビザが発給されていないので、商社勤務のビジネスピープルなど限られた人しか訪問することはできない。

ゆえに一般には影響はないのだが、イスラームを批判すること、冒瀆《ぼうとく》する行為、教えに反する行為は固く禁じられている。そんな事件の一例を紹介しておこう。

二〇一二年二月四日、預言者ムハンマドの聖誕祭の時、サウジアラビアのコラムニスト、ハムザ・カーシュガリー・モハメッド・ナジィーブ（一九八九年生まれ）が、Twitterで預言者ムハンマドについてつぶやいた。

「私はあなたの神性を好ましく思わないので、私はあなたを祈ることはない」「私はあなたを愛する面もあるが、憎らしく思う面もある。そして理解できない面もある」「私はあなたに頭を下げない。あなたの手に口づけをしない。あなたが手を振れば私も手を振るし、あなたが私に微笑めば、私もあなたに微笑もう。私は友人としてならあなたと話をするが、それ以上のものではない」

これに対して、サウジアラビア国内では、預言者ムハンマドを冒瀆したとして死刑を求める声が高まった。彼はニュージーランドへ亡命せざるを得ず、出国したもののマレーシアの空港で身柄を拘束され、その後約二年間にわたって拘留された。二〇一三年一〇月二九日に釈放されたのは異例のことと言われている。おそらくこの件が発生して早々に海外に知られたからだろう。サウジアラビア国内では海外には秘密裏に、一般市民の集まるなかでイスラームに背いた者が公開処刑されることはめずらしくないという。

サウジアラビアに限らず、イスラームの国で、悪気はなくてもタブーをおかしてしまいそうなことがある。その筆頭が、ピカチュウで有名なポケモンだ。二〇一六年七月に「ポケモンGO」として新たな楽しみ方が話題になったが、それ以前のカード・ゲーム時代から、実は、ポケモンはイスラーム諸国では禁じられたり、好ましからざるものとされてきた。厳格なサウジアラビアにポケモンを持ちこめば、逮捕という事態にもなりかねないし、寛容な国でもイスラーム教徒たちのタブーをおかすことになる。

ポケモン・グッズの何が問題なのだろう。一つは、ポケモン・カードがイスラームで禁じられている偶像崇拝にあたるとされていることだ。特定のキャラクターが描かれたカードを熱中して集めることが、偶像崇拝的だと判断されたという。そして二つめが、カードを交換し合い、数を増やしていくゲームにギャンブル性があるということだ。イスラームでは賭け事が禁じられているからだ。そして三つめは、キャラクターが変容、進化していくことだという。神が創造した人間の祖先がサルであるなどということは教えに反しているとして、キリスト教右派と同じように、イスラームでもダーウィンの進化論がタブーとされているからだ。

寛容なエジプトでも、ポケモン・カードの星のマークがユダヤのダビデの星を想起させるという理由も加わって好まれていない。

ちなみに、次項につながることだが、ユダヤ人からも、ポケモン・カードの背景に使われた卍のマークがナチスの鉤《かぎ》十字（スワスティカまたはハーケンクロイツ）に似ているという理由で厳しいクレームがあった。日本だけのデザインだったようだが、任天堂はこのカードの発行を止めたという。また、「ポケモンＧＯ」に限れば、中国でも禁止になった。中国の場合は、衛星を通じての地図データが国防のセキュリティに影響するからというのが理由である。

たとえゲームであっても、日本で人気があるからと、安易にプレゼントしても残念なことになりかねないので、海外に持ちだす場合は、事前に訪れる国の情報を調べる必要があろう。

「ナチス」というヨーロッパ社会最大のタブー

ドイツはもちろん、ヨーロッパ全土で神経を尖《とが》らせている問題が、ナチスの思想に傾倒する人びとが増えることだ。二〇一五年以降、一〇〇万という単位でシリアからの難民がヨーロッパに移住するようになると、それまで人種差別、ホロコーストといったナチスに結びつくようなことはタブーだったはずなのに、各地で沸々と難民に対する不満の声が上がるようになってきた。難民に対して排斥運動が起こるようになり、緊張感が高まっている。

ドイツ、オーストリア、ポーランド、フランス、スイス、ベルギーなどでは、ナチスの思想にむかわないよう、ナチス時代の旗、マーク、制服、敬礼姿勢、歌、挨拶、言い回しなどを法律で禁止している。たとえ外国人観光客であっても、これらのことを公の場で持ちだすことはタブーであり、犯罪として拘束されることもあり得るのだ。

いずれにしてもナチスへの擁護は重大なタブーであり法律違反なのだ。前項のポケモン・カードしかり、日本ではコスプレ用に、ナチスの鉤十字がデザインされた衣装を購入し、身につけられるが、ドイツはもちろん、フランス、ポーランド、オーストリアなどの周辺諸国ではタブーである。これは外国人がおこなっても許されない。

日本を訪れる観光客はそれなりに日本文化に興味を持っているが、それでも寺院の卍模様を鉤十字と誤解し、問題になる事案は増えている。ましてや海外で、日本のことをほとんど知らない人の前で日本文化を紹介するとき、映像の片隅にでも卍模様が見えただけで、多くの人を不快にさせる危険性があるということだ。これは何も卍模様だけではなく、何がその場の人びとに影響するかについては充分に気遣いをする必要があろう。

事実、二〇一六年一〇月二二日、横浜アリーナで開かれたハロウィーンに合わせたイベントの一つで、人気アイドルグループの「欅坂《けやきざか》46」が身につけていた衣装が、ナチス・ドイツの制服に酷似しているとして、英国の「デイリー・メール」（電子版）やカナダを中心にフランス語圏で見られている「TVQC」などが採りあげ、批判の声があがった。

彼女たちの衣装は、ナチスの紋章を想起させるワシのついた黒い帽子、黒いマントの衣装だったのだ。すっかりコスプレ・イベントに成り下がっている日本のハロウィーンの認識はこの程度という典型的なものだ。それにさえ、海外には反応する人がいるということは認識しておいたほうがいいだろう。ちなみに、衣装がナチスの制服に酷似しているとして批判されたのは彼女たちがはじめてではない。二〇一一年にはロックバンド「氣志團」の衣装がユダヤ人の人権団体から抗議を受けている。

日本でさえこうなのに、二〇〇五年に、約二五〇人が出席した友人宅の誕生パーティーに、チャールズ皇太子と故ダイアナ元妃の次男、ヘンリー王子（当時二〇歳）が、北アフリカ戦線のナチスの兵士の軍服（カーキ色のシャツとズボン）で仮装出席したことが、大衆紙にスクープされ、大きな問題になった。左腕には、ヨーロッパ全土でタブーとされているナチスの鉤十字の腕章を付けていたという。ユダヤ人団体からは猛烈な抗議が寄せられ、ユダヤ系の野党党首が不快感を表明するなど、社会的にも政治的にも大騒動に発展してしまった。

ヘンリー王子はすぐに王室報道官を通じて謝罪したが、人びとの怒りはそう簡単に収まらなかった。父のチャールズ皇太子は、ヘンリー王子と兄のウィリアム王子の二人に対し、ナチスによるホロコーストの舞台となったアウシュビッツ収容所（ポーランド）跡地を訪問するよう命じた。ウィリアム王子も叱責されたのは、ヘンリー王子がナチスの制服を買った際、そばにいながら制止しなかったからだという。

ドイツやオーストリアでは自動車のナンバープレートのアルファベットや数字を選べるのだが、その際、ナチスの隠語とされるアルファベットや数字の組み合わせを選ぶことが禁じられている。車のナンバープレートは、左端から一～三字のアルファベットは登録地域をあらわすもので、車検の有効期間、州の紋章を挟んで、それに続く一～二字のアルファベットと数字は自由に選ぶことができるようになっている。しかしここで、ナチスの隠語となるような文字の組み合わせは申請しても許可されない。いくつか例をあげよう。

NS　Nationalsozialismus　ナチズム
SS　Schutzstaffel　親衛隊
SA　Sturmabteilung　突撃隊
HJ　Hitlerjugend　ヒトラーユーゲント

KZ　Konzentrationslager　強制収容所
AH　Adolf Hitler　アドルフ・ヒトラー
HH　Heil Hitler　ハイル・ヒトラー
GD　Großdeutsche　大ドイツ（ナチスが目指した、ドイツ民族を指導的立場とした、ゲルマン諸民族による広大な領域を持つ国家構想をさす）

ただし、これらの組み合わせが、登録地域の略の場合は問題ないが、シュトゥットガルト市のナンバープレートの場合はSと一文字なため、その次に自由に選ぶことができるアルファベットをSの一文字にすることはできない。合わせて並べるとSSになるからだ。

さらに数字の並びも、これらのアルファベットを示すものは禁じられている。18はAH、88はHH、1919はSS、74はGD、ヒトラーの誕生日が四月二〇日なので、0420、420も使えない。これらの数字を組み合わせたものもタブーである。

二〇一四年、ドイツで売りだした洗剤「アリエール」（P&G、本社・米国）の容器に、その年の六月に催されるサッカー・ワールドカップにむけてドイツ代表のユニホームがデザインされ、粉末洗剤には「88」、液体洗剤には「18」が印刷された。それぞれ増量サービスで、通常より多い八八回、一八回の洗濯が可能という意味だったが、市場に出回るや問題視する指摘が相次ぎ、同社は商品の出荷を中止したということがあった。

複雑なのは14だ。これはアメリカ人で、極右のネオ・ナチ組織“The Order”のリーダー、デイヴィッド・レーンによる一四単語からなるスローガン“We must secure the existence of our people and a future for white children.”を指す。「我々は、我ら種族の存続と白人の子どもたちのための未来を確実なものにしなくてはいけない」という意味だ。彼は二〇〇七年に死亡し、ネオ・ナチの間では伝説になっている人物だ。

長いものではNSDAP＝Nationalsozialistische Deutsche Arbeiterpartei＝国家社会主義ドイツ労働者党（ナチス）、NPD＝Nationaldemokratische Partei Deutschlands＝ドイツ国家民主党（ネオ・ナチの政党）などというものもある。

こうしたアルファベットや数字は、禁止されればますます複雑化してイタチごっこになってしまっているようだ。

二〇一五年からのシリア難民問題を受けて、これらネオ・ナチがあらたに使いはじめたもの、白人至上主義を意味するもの、イスラーム国をさすとされるものも加えられるようになった。

FG　Füehrers Geburtstag　指導者の誕生
IS　Islamic State　イスラム国
KKK　Ku Klux Klan　クー・クラックス・クラン（米国の白人至上主義を唱える秘密結社）
WAW　Weißer Arischer Widerstand　白人アーリア抵抗

さらに、移民の流入に反発する極右の政治家らによって長くタブーとされてきたナチス時代の単語や言い回しが使用されるようになってきているとして懸念されている。

とくに二〇一六年、終戦から七〇年の時を経たドイツで、ヒトラーの著作『マインカンプ（我が闘争）』が再版されたことも大きな話題だ。ホロコーストへの道を開いた本である。この本の内容はもちろん、再版の是非に触れることもタブーである。ドイツ国内では、再版することに何のメリットがあるのか、数年にわたって議論されてきたことなのである。

イスラームの影響に対して嫌悪を露《あらわ》にしている右派ポピュリスト団体「西洋のイスラム化に反対する愛国的欧州人（PEGIDA）」はマスコミを「lüegenpresse（虚言メディア）」と呼んで侮辱してきた。これは一九二〇年代にヒトラーが報道機関の信頼を失墜させるためにもちいたものだ。

二〇一五年、メルケル首相をはじめ、移民を容認する閣僚らに対して、極右のデモ隊は「volksverräter（裏切り者）」という言葉でののしった。これもヒトラーたちが国家の敵とみなした人びとを糾弾する時に多用していたもので、当時を想起させる言葉だという。

二〇一六年一〇月初め、ドレスデンでおこなわれたドイツ統一記念日の式典では、ナチスのゲッベルス国民啓蒙《けいもう》・宣伝相が使っていたプロパガンダをかかげたデモ参加者もいたという。

優れたゲルマン民族をさす時に意識的に使われた「民族」を意味する"völkisch"、劣った異人種を排斥し優れたゲルマン民族が繁栄する世界を目指して使われた"umvolkung"など、暗黙のうちにタブーとされてきたナチス時代の人種差別用語が、政治家や一般の人の口から発せられるようになり、これらの言葉の復権が唱えられるようになってきているのだ。

ヨーロッパでの人種問題

繰り返しになるが、今日のヨーロッパでもっとも問題視されているのが、イスラーム教徒であるシリア難民である。難民収容所から、いつテロリストがあらわれはしまいかと気が気でない人は少なくない。そのストレスから、極右の人たちが難民を迫害する事件がいつ起きても不思議ではない状態が続いている。

これまではヨーロッパで人種問題といえばユダヤ人だった。ユダヤ人への迫害、大量虐殺はヒトラー、ナチスだけがおこなったように短絡的に伝えられているが、第二次世界大戦の戦勝国である英国、フランス、ロシア、米国など、世界には、ユダヤ人を迫害し、命を奪った歴史を持つ国は数多い。ユダヤ人というだけで避けることは今もあり、コメディ、サスペンス、SFなど、分野を問わず数々の映画でもそれは表現されている。

では、ユダヤ人の何が問題なのだろう。

記録されている歴史のなかで、ユダヤ人を最初に迫害したのは古代エジプト人ということになる。紀元前一七世紀頃、ユダヤ人の始祖とされるヘブライ人が、古代エジプト王朝の王権の弱体化した時にエジプトに移住した。やがて王権が再興すると、彼らはエジプトで労働に従事した。ユダヤの記録では、この時奴隷として酷使されたようにあらわされている。

そんな苦境にある人びとを、モーセが率いて脱出し、カナーン（パレスチナ）へと導いたという（「出エジプト記」）。

次の迫害は古代ローマ帝国によってだ。ローマの支配下に置かれながら、彼らはエルサレムを中心としたユダヤ属州に暮らし、自治も認められていた。宗教面で、初期のローマ帝国は寛容だったが、イエスが処刑された事件のあと、三〇年ほどしてローマの支配に対してユダヤ人が反乱をおこした（第一次ユダヤ戦争、六六〜七三年）。一三五年再び起こった反乱で、ユダヤはローマ軍によって攻め滅ぼされ、国を失い、各地に離散（ディアスポラ）してしまった。北アフリカ、ヨーロッパへ移った彼らは各所に小さいコミュニティを形成して暮らすようになった。ユダヤの戒律を守ったままでは、単独で暮らすことができなかったのである。

ちなみに、当時は、キリスト教はユダヤ教の一派として見られていた。ユダヤ戦争後に開かれたヤムニア会議によって、ユダヤのヘブライ語聖書の「正典」ではない聖書を信じるキリスト教はユダヤ教から切り離されることになったのだ。

彼らを受け入れた地域では、特異な生活様式を持つユダヤ人の存在が目立った。そこで迫害がおこるのは不思議なことではない。

キリスト教は、ユダヤ教ほど、戒律がきびしくなかったゆえに中世の封建社会においても受け入れられ、支配する側と支配される側の双方で、それぞれの立場で信仰を続けることができた。一方、ユダヤ教の「選ばれた民」としての民族的な枠組み、戒律に則《のっと》った生活は閉鎖的な方向にむかったのだった。迫害され続けても戒律を守ることがアイデンティティということだ。

ユダヤ人はヨーロッパから東アジアまでの北半球全域に広がり、宗教と文化による独自のネットワークを構築していった。

国を持たないユダヤ人は金銭や物など物質的な財産に執着せず、命がある限り奪われることのない知識や技術、経験を究極の財産と考えた。聖典、知恵の詰まった書物は、奪われてもいいように暗記してしまうという習慣や教えが優秀な人材を多く輩出する要因となった。物を持たず、物を仲介する商人が多いのもこのためだ。証文、手形のような書類で物を売買したことから、紙幣の考え方が生まれるきっかけになった。

こうしたなかで保険制度を発明したのはユダヤ人である。広範囲に広がっていたユダヤ人は、彼ら独自のネットワークを利用して貿易をおこなうようになった。しかし、天災、人災のリスクが大きく、そのリスクを負担できる者がそれを証書にして分担するという考え方がはじまった。これが保険のはじまりである。そして、利益が生まれた時には、リスクを保証した者たちが、リスク負担の割合に応じて分配する証書も考えだした。こうして株式の考え方も生まれた。学問の面だけでなく、国際的な金融部門でもユダヤ人が秀でているということの素地を、ごく簡単に説明するとこういうことだ。

ユダヤ人が大量に殺害された初期の例としては、一〇六六年のグラナダ（現スペイン）においてのことがある。七一一年、イベリア半島にイスラームが侵攻し、イスラーム王朝が支配していた時代、ここにもユダヤ人のコミュニティが営まれていた。当時、イスラームはいたずらに異教徒を迫害するようなことはなかった。イスラーム共同体を混乱させなければ共存に寛容なのである。しかし一一世紀頃から、キリスト教徒によるレコンキスタ（国土回復運動）が激しくなり、イスラーム社会が混乱しはじめるとそうはいかなくなった。一〇六六年、豪奢《ごうしゃ》な暮らしをし、強権を持つようになったユダヤ人の高官に対して、危機感を抱いたイスラーム軍が討伐に乗りだし、一説には数千人ものユダヤ人を虐殺したとされている。

ユダヤ人は人種では区別できないが、その生活スタイルから市井に散らばらず、コミュニティをつくって暮らしているため、攻撃対象とするのが容易だったのだ。

いたずらに迫害、虐殺をしたのは一〇九六年からの十字軍である。遠征に出発する前から、ライン川流域（現在のドイツからフランスにかけて）では、物資を調達するため、キリスト教徒が多くのユダヤ人のコミュニティを襲い、虐殺を繰り返して財産を奪ったのだ。遠征途中でも、行き着いた先のエルサレムでも例外ではなかった。

一一八九年、リチャード一世のイングランド王としての即位式において、出席を拒まれていたユダヤ人のリーダーが祝いに駆けつけたが、不審に思った民衆が彼らに暴力を振るった。そのとき、王が「ユダヤ人を殺せ」と命じたとのデマが流れ、虐殺事件に発展した。一一九〇年にはヨークでも虐殺がおこなわれた。

一四世紀には、ペストの流行がユダヤ人によるものだとの風説がおこり、ヨーロッパ各地でユダヤ人が犠牲になった。

一五〇六年にはリスボン（ポルトガル）においてである。一五世紀終わり頃、現在のスペインに暮らしていた一〇万人近くのユダヤ人がキリスト教徒に弾圧され、リスボンに逃れてきた。復活祭においてユダヤ人への嫌悪が高まり、虐殺がおこなわれた。

その後も、ドイツ、帝政ロシアなど、ヨーロッパでのユダヤ人に対する迫害は絶えず、記憶に新しいものがナチスによる大虐殺というわけだ。教科書ではこれが最後のように扱われているが、ユダヤ人への迫害、虐待は、今も世界のどこかで続いている。

トルコにも触れられたくない過去が

日本では広く知られていないのがアルメニア人虐殺である。

アルメニア人は少数派のアルメニア正教会に属するキリスト教徒で、一〇四五年、ビザンツ帝国に支配されると、彼らは故郷から離散することになった。ユダヤ人が離散したのと同じである。ちなみに現在、アルメニアには三〇〇万人ほどが暮らしているが、欧米各国に散っているアルメニア人はその二・五〜三倍ほどもいるという。

オスマン帝国時代、彼らは帝国領内に数多くが居住していた。オスマン帝国の貿易での繁栄に、アルメニア人の力は大きかった。ところが、第一次世界大戦で彼らが連合国側のロシアにつく動きがあったとして、開戦間もなくから、一九一六年にかけてアルメニア人の反乱を未然に防ぐために鎮圧をおこなった。アルメニア側では、この時殺害されたアルメニア人は一五〇万人にものぼるとして、虐殺だったと主張している。

一方、オスマン帝国後のトルコ共和国は数十万の死者は認めているものの、「民族虐殺」は否定してきた。

これに対して、多くのアルメニア人が暮らすヨーロッパでは虐殺があったとし、トルコを批難したのだった。二〇〇六年一〇月にフランスの国民議会が「アルメニア人虐殺否定禁止法」を可決するということがあった。「一五〇万人のアルメニア人がオスマン帝国に虐殺された」ということを否定した場合、最高五年の懲役刑または罰金刑を科すという内容だった（二〇一一年、廃案）。二〇〇七年には、米国でも、オスマン帝国によるアルメニア人虐殺はあったという見解が示され、トルコ共和国が抗議をおこなう事態に発展した。

それほど「アルメニア」問題は欧米では根深いのである。

おわりに

最後に、タブーの語源を紹介しておこう。

「タブー」とは、探検家ジェームズ・クックによってはじめて紹介されたトンガの言葉である。クックが最初にトンガを訪れたのは一七七三年のことだ。のちに、トンガ全体がフレンドリー諸島と呼ばれるように、彼らはそこで友好的に迎えられたという。そして第三回航海の一七七七年に立ち寄ったときの記録（"A Voyage to the Pacific Ocean" 一七八四年に出版）で、クックは現地語の taboo を「タブーとは意味の広いことばである。（中略）なにかものが食べられることを禁じられたり、利用することを禁じられたりする場合に、そのことをタブーというわけである。もし王が臣下に属する家の中に入っていったとするならば、その家はタブーになるだろうし、もうそれ以後決してその所有者によって居住されることはないだろう」（『クック 太平洋探検（五）』）などと記している。

「タブー」の言葉が広まったのは、それから一五〇年ほど後の一九三一年、"Tabu : A Story

of the South Seas" というアメリカ映画がきっかけだった。内容はいわばロミオとジュリエットの南洋版だ。真珠採りの青年が恋に落ちた女性が、島々の長老たちによって巫女に選ばれたところから悲恋の物語となる。その触れてはならない聖なる乙女そのものが「タブー」だったのだ。ここに「禁断の愛」のイメージが加わった。時代が下るにつれて国際化が進み、今ではマナーやエチケットのような行為から、差別用語など特定の言葉、権力側が封印しておきたい歴史的・社会的問題まで、「タブー」は幅広くもちいられるようになった。

タブーは「おかすべからざること」で、それをわきまえていることがスマートな国際人とみなされていたのだが、二〇一七年にドナルド・ジョン・トランプが大統領に就任して様子が変わってきた。彼は、他国への暴言、イスラーム教徒差別、人種差別など過激な発言で、強きアメリカを復興させたい人びと、人種の別なく受け入れることに対しての不満を心の奥底に募らせていた白人たちの、「陰ながら」の根強い支持によって人気を集めている。

タブーを堂々と破ることが個人の自由と讃えられてはならないが、一挙手一投足、一言一句に気遣ってストレスを溜《た》め込む社会も不健全だ。身近にもある尽きることのないタブーについて、ご一考いただく機会となれば幸いである。

阿門　禮

民族・人種蔑称一覧

特定の民族に対する俗称はすべてタブー語であるというわけではないが、程度の差こそあれ侮蔑的、差別的なニュアンスをともなうものが大半だ。場合によってはみずから民族の蔑称を名乗ってユーモラスに表現するといったケースもあるものの、安易に使うべきではない。

二〇一五年頃からのヨーロッパでの移民への反発、二〇一七年のトランプ政権の誕生によって、表向きは封印されつつあった民族差別、宗教差別が、公然とおこなわれるようになってきた。こうした風潮を受けて、あえて民族差別語・表現をここに紹介しておこう（主に英語）。

なお、俗語は常に変化し続けるものなので死語も多い。ここでは一般の辞書に加え、Urban Dictionary などのオンライン辞書で現代的な用法が確認できる表現を中心にまとめた。

アイキー Ikey
ユダヤ人に多い男性名アイザックの愛称で、ユダヤ人の俗称。

アイティー Eyetie
主に英国で、イタリア人に対してもちいられる蔑称。

アグリー・アメリカン Ugly American
「醜い米国人」の意味。米国人は海外の滞在先で、しばしば現地の人びとや文化に対して無理解で横柄、傍若無人なふるまいをするというイメージが定着している。そのような米国人に対する蔑称。

アップル Apple
北米で、白人のようにふるまうネイティヴ・アメリカン、いわゆるインディアンに対して、アイデンティティを大切にするネイティヴがもちいる蔑称。リンゴは外側が赤く中は白いことから。

アボ Abo / Abbo
オーストラリアで、先住民アボリジニを意味する蔑称。

アンクル・トム Uncle Tom
米国で、白人の権力者にこびへつらうような黒人男性をさしていう蔑称。女性版はアント・ジェマイマ、アント・ジェーン、アント・メアリー、アント・サリーなど。

イエロー Yellow
黄色人種、アジア人に対する蔑称。

イッド Yid
英語の俗語としてもちいる場合は、ユダヤ人に対する攻撃的な蔑称となる。イディッシュ Yiddish（アシュケナージ系ユダヤ人の言語）に由来。

インジャン Injun
ネイティヴ・アメリカンに対する蔑称。インディアンは蔑称とは限らないが、それが転訛《てんか》したインジャンは明らかな差別語。↓インディアン

インディアン Indian
北米のネイティヴ・アメリカンに対してもちいられてきた呼称。もとはコロンブスの勘違いから、北極圏以外のアメリカ先住民は「インド人」を意味するインディオ（西語）あるいはインディアン（英語）と総称されてきたが、差別的で不適当だとして北米ではネイティヴ・アメリカンと「政治的に正しく」言い換えられることが多い。ただし団体名や法律名にはインディアンの語が多用されている。またインディアンを自称する人びともいるので、必ずしも蔑称とは限らないが、使い方によっては差別語となる。

インディオ Indio
中南米のスペイン語圏の先住民に対してもちいられる語。スペイン語で「インド人」の意味で、コロンブスがインドに到達したと勘違いしたことによる。不適当かつ差別的な用語だとして、先住民やその血の濃い人びとに対して「先住民族」の意味のインディヘナ“indigena”やナティーボ“nativo”（英語のネイティヴ）、あるいは「地方に住む人」の意味のカンペシーノ“campesino”をもちいる国もあるが、一方で、インディオは問題なくて、むしろこれらの語が差別語、不適当とみなされる地域もある。

ウィガー Wigger / Whigger / Wigga
米国で、黒人や黒人文化、とくにヒップホップ系の文化を「クール」とみなし、特有のファッションやスラング、ダンスなどを真似る白人男性に対してもちいられる俗語。ホワイト・ニガーに由来するが、“W(annabe-N)igger”（ニガーになりたい）の略称だというこじつけも受け入れられている。みずから名乗る若者もいるので蔑称とは限らないが、使い方によっては差別語となりうる。↓ホワイト・ニガー

ウォッグ Wog
「外国人」を意味するよく知られた蔑称。オースト

ラリアではギリシャ人やクロアチア人など地中海地方のヨーロッパ人や、中東のアラブ人など、肌の色が浅黒い人びとをさす。一方、英国ではアジア、アフリカ出身の白人ではない外国人に対するかなり攻撃的な蔑称となる。語源はゴリウォッグとされる。

ウォップ Wop
↓ゴリウォッグ

英国、北米でイタリア（系）人を意味するよく知られた蔑称。複数の語源説がある。

エイプ Ape

原義は「類人猿」だが、米国では古くから黒人に対する最大級の蔑称の一つ。「ずる賢い」「猿真似野郎」などを意味する侮蔑語。同様にチンプ "chimp"（チンパンジーの略）とも。

エスキモー Eskimo

カナダ北部、アラスカ、グリーンランド、シベリア北東部の先住民に対する総称で、「生肉を食べる人」という誤った意味のまま蔑称であるとされるため、イヌイットという民族名に置き換えられることが多い。ただしエスキモーの語源に関しては異論があり、またイヌイットとは別の言語グループの民族もいるので、北極圏の先住民をイヌイットと総称することは不適当である。米国アラスカ州ではエスキモーは公的な民族名であり差別語ではない。

オレオ Oreo　↓ココナツ

カイク Kike / Kyke

米国でユダヤ人を意味する蔑称。語源説は複数ある。

カフィール Kaffir

南アフリカなどアフリカ諸国で黒人を意味する非常に攻撃的な蔑称。語源は「異教徒」「不信心者」を意味するアラビア語で、ムスリムの商人がアフリカの先住民をそうよぶのを聞いたヨーロッパ人が借用したという。数種類の綴《つづ》りがある。

キャメル・ジョッキー Camel jockey

「ラクダ乗り」の意味で、アラブ人に対する蔑称。

キリスト殺し Christ killer

ユダヤ人に対する敵意ある蔑称。

ギンゾー Ginzo

米国でイタリア（系）人、とくにシチリア（系）人に対してもちいられる蔑称。

グイード Guido

イタリア語の男子名で、ニューヨークやその周辺に住む特有のスタイルのイタリア系米国人青年に対する俗称。使い方によっては攻撃的な差別語にもなる。

労働者階級、筋肉質な体型を誇るような服装や逆立てた髪型がステレオタイプ。

グーク Gook

米国人がアジア人をさしていう蔑称。諸説あるが、一般的には朝鮮戦争の際に生まれた俗語で、韓国人を意味すると思われているが、フィリピンが米国の植民地であった時代はフィリピン人をさし、またベトナム戦争の時はベトナム人に対してもちいられていたという。

クラウト Kraut

主に第二次世界大戦中に英米でドイツ兵やドイツ（系）人に対してもちいられた攻撃的な蔑称。クラウトは「キャベツ」の意味で、ドイツの郷土食ザワークラウトに由来。

クラッカー Cracker

この英単語には「堅焼きビスケット」や「かんしゃく玉」などさまざまな意味があるが、米国では古くから、とくに南部の貧乏な白人への蔑称としてもちいられた。

グリースボール Greaseball

米国でイタリア（系）人をさしていう蔑称。グリーサーともいう。グリースは「脂」「油」で、ミュージカル映画『グリース』（一九七八年）のタイトルにもなっているように、ポマードで固めたリーゼントを粋がっている貧しい若者が典型。脂ぎっているイメージからもちいられている。

グリンゴ Gringo

ラテンアメリカで外国人、とくに米国の白人に対してふつうに使われるスペイン語の俗語。スペイン語で「ギリシャ語」を意味するグリエゴ "griego"（「わけのわからない言葉」の意味もある）に由来する。必ずしも蔑称ではないが、米国人に対して批判的な物言いをする時に使われることが多い。

グロイド Groid

米国で黒人を意味する蔑称。ネグロイドから。

クーン Coon

黒人に対するかなり攻撃的な蔑称。アフリカ系だけでなく、オーストラリアではアボリジニに対してももちいられる。語源はラクーン "racoon"（アライグマ）とされる。

ココナツ Coconut

英国や南アフリカでは白人のようにふるまう黒人に対して、また米国では同様のヒスパニックに対してもちいられる蔑称。外側が褐色で中が白いココナツにたとえていう。同様の表現としてバウンティ“Bounty”（ココナッツ入りチョコレート・バー）やオレオ“Oreo”（クリームサンドのチョコレートクッキー）が知られる。

ゴリウォッグ Golliwog
もとは一九世紀末からシリーズで出版された英国の絵本のキャラクター（黒人の男の子の人形）の名前。ドビュッシーが二〇世紀初めに「ゴリウォーグのケークウォーク」というピアノ曲を作曲していることからもわかるように、当初、差別的な言葉ではなかった。子ども向けの人形やバッジになったり、ジャムのラベルに描かれてゴーリーの愛称で親しまれていたが、後に黒人差別と結びついたため、一種のタブー語となった。二〇〇八年一一月、英国の閣僚が、米大統領選挙でのオバマの当選をうけて「英国だってジャムの瓶にゴリウォッグを復活させたっていいんじゃないか」とコメントし、問題になった。これは後から本人が「政治的に正しい発言ではなかったが、あれはジョークだったんだ」と釈明したが、二〇〇九年二月には英国のサッチャー元首相の娘でレポーターのキャロル・サッチャーが、BBCの全豪オープン放送後の雑談で黒人テニス選手のことをゴリウォッグとよんだとして、番組降板となっている。

サンド・ニガー Sand nigger
「沙漠の黒人」の意味で、アラブ人に対する蔑称。

サンボ Sambo
黒人に対する英語の蔑称。もとはカリブ海地域の先住民とアフリカ人奴隷の混血や、その子孫を意味するスペイン語、ザンボ“zambo”に由来するが、英米ではアフリカ系や南アジア系の人びとに対してもちいられる。ちなみにインドの少年を主人公とする『ちびくろサンボ』は日本で一時期絶版となったが、原作には差別的な意図はまったくなかったとされる。

ジェリー Jerry
英連邦でとくに第二次世界大戦中、ドイツ兵やドイツ人に対してもちいられた俗称。

ジガブー Jigaboo
英米で黒人を意味する蔑称。数種類の綴りと、多くの類語がある。

シクサ Shiksa
主に北アメリカのユダヤ人男性が、非ユダヤ人の若い女性をさしていう蔑称だが、現在はむしろ、魅力的な非ユダヤ人の女の子をいうことが多い。

ジタン Gitane

ロマ、いわゆるジプシーに対するフランス語の総称。男性形はジタン"gitan"、女性形はジタンヌ"gitane"。不適切な呼び名ではあるが、この名のタバコ"Gitanes"はフラメンコを踊る女性をモチーフにした青いパッケージでよく知られている。↓ジプシー

ジプシー Gypsy

インド北西部からの放浪集団で、一五世紀以降、ヨーロッパ各地で迫害されてきた。ジプシーという呼称はエジプトから来たと考えられたことによるもので、長く差別意識とともにもちいられてきたため蔑称とされるが、ジプシーを自称する人びともいる。ほかに↓ツィゴイナー（独語）、ツィガーヌ（仏語）、↓ジタン（仏語）、↓ヒターノ（西語）、ジンガロ（伊語）など数多くの差別的な呼称と、スィンティ、ロマなどの自称があるが、現在はロマと総称されることが多い。

シプター Shiptar

セルビア、モンテネグロやマケドニアなどバルカン諸国で、アルバニア人を意味するかなり攻撃的な蔑称。コソボ紛争によってコソボに住んでいたアルバニア人が難民として隣接国に流入したため、各地で民族同士の軋轢《あつれき》が非常に高まり、この差別語も広まった。語源はアルバニア語による民族の自称"Shqiptar"である。

ジャップ Jap

米国でとくに第二次世界大戦中、日本兵や日本人、日系人に対してもちいられ、以後、日系・日本人に対する最大級の蔑称となっている。

ジャングル・バニー Jungle bunny

英米で黒人を意味する蔑称。バニーはふつう性的対象としての若い女性に対する俗称だが、ジャングル・バニーは黒人男性のとくに「こそ泥」を意味することが多い。語源については一般に、都会というジャングルでウサギのようにフェンスを跳び越えて盗みを働いたり警官から逃げ回るからだと考えられているようだ。

ジュー Jew

ユダヤ教徒、ユダヤ人、イスラエル人のこと。「高利貸し」「守銭奴」という意でももちいられる。

ジン Gin

オーストラリアでアボリジニの女性に対してもちいられる蔑称。

スクォー Squaw

米国とカナダで、ネイティヴ・アメリカンの女性を意味する蔑称。

スピア・チャッカー Spear chucker
米国でアフリカ系アメリカ人の男性に対する蔑称。狩猟民族を連想させる造語で、「槍《やり》を投げるヤツ」というような意味。

スピック Spic / Spik / Spick
米国で、ヒスパニック（メキシコ、プエルトリコ、キューバなど中南米のスペイン語圏出身の人びと）に対していう、非常に攻撃的な蔑称。語源については一般に、英語の話せないヒスパニックが “No spik (=speak) English” というからと説明される。いくつかの派生語がある。

スペード Spade
黒人男性に対する蔑称。トランプのスペードの色から。

スラント・アイズ Slant eyes
中国（系）人、韓国（系）人、日系・日本人など東アジア人に対してもちいられる蔑称。「吊り目」の意味で、類語がいくつかある。

スロープ Slope
米国やオーストラリアで、東アジア人、とくにベトナム（系）人や中国（系）人をさしていう蔑称。「傾斜」の意味で、おそらくは「吊り目」のこと。類語がいくつかある。

セッポ Seppo
オーストラリアと英国で、米国人をさしていう蔑称。「浄化槽」を意味する “septic tank” と米国人に対する蔑称 “Yank” の語呂合わせによるもので、セプティックともいう。→ヤンク

タオル・ヘッド Towel head →ラグヘッド

ダーキー Darky / Darkey / Darkie
黒人に対するかなり攻撃的な蔑称で、現在はニガーに次ぐタブー語ともいえるが、南アフリカでは差別的な意味はない。

タフィ Taffy
男子名デイヴィッドのウェールズ語形の愛称で、イングランド人がウェールズ人に対する蔑称として古くからもちいてきた。タフ “Taff” ともいう。現在はそれほど差別的な語とはみなされないようだ。

タール・ベイビー Tar baby
英米、ニュージーランドで黒人の子どもを意味する蔑称。もとはアフリカ民話を下敷きにした『リーマスじいやの物語』の「キツネどん」が「ウサギど

ん」をつかまえるためにタールでつくった人形のことで、「ウサギどん」がねばねばしたその人形に触って身動きがとれなくなることから、「抜き差しならない泥沼状態」の比喩としてももちいられる。ブッシュ政権下の二〇〇六年、スノー報道官がその意味で「私はタール・ベイビーをハグしたくはない」と発言する場面がTVで放映され、人種差別とは無関係の発言だったにもかかわらず非難、揶揄《やゆ》の対象となった。

チャイナマン Chinaman

中国（系）人。正しくは"Chinese"で、チャイナマンという俗称にはやや差別的な響きがある。

チャーリー Charlie

男子名チャールズの愛称だが、かつては黒人による白人への蔑称、またベトナム戦争時代はベトナムのゲリラ兵に対する俗称としてもちいられた。

チョロ Cholo

南米のスペイン語圏、とくにペルーとボリビアで、先住民とスペイン人の混血であるメスティーソの男性をさす。女性はチョラ。ペルーのトレド元大統領のあだ名がチョロで、かならずしも蔑称とは限らない。チョラに縮小辞を付けたチョリータは「かわいい田舎娘」のようなニュアンスもある。一方で、先住民の風貌に近い人や、独特の民族衣装を着用している女性をこれらの語で侮蔑的によぶこともある。米国南西部では、下層のメキシコ（系）人、とくに一〇代の不良少年に対してもちいられる。

チンク Chink

英米、インドなどで中国系をはじめ東アジア人に対してもちいられるかなり攻撃的な蔑称。チャイニーズの変形だが、「裂け目、割れ目」を意味する英単語"chink"と東アジア人の細い目との連想にもよる。

ツィゴイナー Zigeuner

ロマに対するドイツ語の呼称。差別的で不適切なよび名ではあるが、ヴァイオリンの名曲「ツィゴイネルワイゼン」や「ツィガーヌ」（ツィゴイナーのフランス語形）など、音楽作品名のなかに定着している。→ジプシー

デイゴ Dago

スペイン語の男性名ディエゴに由来。英語で一般に「よそ者」の意味もあるが、英国ではとくにスペイン（系）人やポルトガル（系）人に対する、また米国ではイタリア（系）人に対する攻撃的な蔑称。

ディンク Dink

米国人がアジア人、とくにベトナム戦争の頃にベトナム人をさしていった蔑称。「ペニス」を意味する卑猥《ひわい》語でもある。

デューン・クーン Dune coon
アラブ人に対する蔑称。デューンは「砂丘」で「沙漠の黒人」の意味。↓クーン

ドーティ Dhoti
インドの男性ヒンドゥー教徒が着用する腰布のことだが、ネパールではインドとの国境付近に住むヒンディー語を話す民族に対する蔑称となる。

ニガー Nigger
黒人に対する最大級の侮蔑語。何種類もの綴りがあり、また二〇世紀には別のネガティヴな意味合いがいろいろ付け加えられた。ちなみに黒人同士のくだけた会話のなかで"What's up, Nigga?"のように使われる"Nigga"は、「きょうだい」くらいの意味のよびかけの語で、差別語ではない。

ニグノグ Nig-nog
英国人が黒人に対してもちいる蔑称。「ばか」という意味もある。

ニップ Nip
英米人が日本人や日系人、とくに日本の軍人に対してもちいた蔑称。

ハイミー Hymie
米国でユダヤ人を意味する蔑称。ユダヤ人に多い男子名ハイマンに由来。

ハウス・ニガー House nigger
米国で、高学歴のアフリカ系アメリカ人に対してもちいられる蔑称。かつて同じ奴隷でも屋外ではなく家の中で主人に仕える方が何かと恵まれていたことに由来する。

バウンティ・バー Bounty bar ↓ココナッツ

パキ Paki / Pakki
英米、カナダ、ニュージーランド、インドなどでパキスタン（系）人をさす俗称。とくに英国で非アジア人が南アジア出身の移民に対してもちいると、攻撃的な蔑称となる。また、インド（系）人に対してパキとよぶことは、非常に攻撃的とみなされる。

ハジ Hajji / Hadji / Haji
本来はマッカ巡礼を終えたムスリムに対して与えられる尊称だが、イラク戦争でアメリカ兵がイラクのアラブ人をハジとよんだことから、米国でイラク人や中東のアラブ人に対する俗称となっている。アフガニスタンの住民はアラブ系ではないが、同じムス

リムということでやはりハジとよばれることがある。使い方によっては差別語となる。

パディ Paddy

アイルランド人に多い男子名パトリックの愛称で、古くからアイルランド（系）人に対する蔑称でもあった。米国では警官にアイルランド系移民が多かったことから、「おまわり」の意味もある。

ハーフ・カースト Half caste

英国で、両親がそれぞれ白人とアジア人のような混血児に対してもちいられる蔑称。

ハンキー Hunky

ロシアや東欧出身の移民労働者に対する蔑称。おそらくハンガリアンに由来。

ピカニニー Pickaninny

黒人の子どもを意味する蔑称。オーストラリアではアボリジニの子どもをさしていう。スペイン語で「小さい」を意味するペケーニョ“pequeño”が転訛したらしい。

ヒターノ Gitano

ロマに対するスペイン語の呼称。女性はヒターナ。

→ジプシー

ビーナー Beaner

米国で、メキシコ（系）人や中米のメスティーソに対して広くもちいられている蔑称。ビーンは「豆」。インゲンマメの煮込みを伝統食とする中米先住民の血を引く人びとを揶揄している。

ヒーブ Heeb / Hebe

米国でユダヤ人を意味する蔑称。語源はヘブライ人“Hebrew”。

フェニアン Fenian

もとは英国からのアイルランド独立を目指して結成された革命組織の名だが、現在ではアイルランドのプロテスタントが敵対するカトリック教徒に対してもちいる蔑称となっている。

フリッツ Fritz

ドイツの男性名フリードリヒの愛称で、英国のほかフランス、ハンガリー、ポーランド、ロシアなどでドイツ人に対する俗称、蔑称となっている。

プレーリー・ニガー Prairie nigger

ネイティヴ・アメリカンに対する非常に攻撃的な蔑称。プレーリーは米国の草原地帯。

フロッグ Frog

「カエル」の意味で、カエルの脚を食用とするフランス（系）人に対する英国での蔑称。カナダではフランス系、またケベック州の住民（フランス系が多い）に対してももちいられることがある。

フン Hun

とくに第一次世界大戦中から、英米でドイツ兵やドイツ人に対してもちいられた攻撃的な蔑称。アジアの遊牧民族フンに由来し、野蛮人、破壊者の意味もある。

ブーン Boong

オーストラリアで先住民アボリジニを意味するかなり攻撃的な蔑称。ニュージーランドではポリネシア人など太平洋の島嶼《とうしょ》部の先住民に対する蔑称。"bung" "boonga" など類語がいろいろある。

ボウハンク Bohunk

米国で中欧や東欧からの移民労働者やその子孫に対してもちいられた蔑称。がさつ者という意味もある。ボヘミアンとハンガリアンに由来。→ハンキー

ポチョ Pocho

スペイン語で「腐った」「褪《あ》せる」「衰える」「しおれる」の意味だが、米国とメキシコで、米国文化に染まったメキシコ（系）人に対して「アメリカかぶれ」のようなニュアンスでもちいられる蔑称。女性はポチャ "Pocha"。メキシコ系米国人同士の会話のなかでは、自称としてユーモラスに使われることもある。

ボッシュ Boche / Bosche / Bosch

フランスや英米でドイツ兵、ドイツ人に対してもちいた攻撃的な蔑称。

ポム Pom / Pohm

オーストラリアやニュージーランド、南アフリカで、英国からの移民を意味する蔑称。語源については、移民を意味する "immigrant" の韻を踏む俗語として "pomegranate"（ザクロ）と言っていたからという説がある。

ポラック Polack

米国でポーランド（系）人に対する蔑称。同じ綴りでもスウェーデン語やノルウェー語では単にポーランド人の意味である。

ホワイティ Whitey

白人に対するやや攻撃的な蔑称。

ホワイト・トラッシュ White trash

「白のくず」の意味で、米国で、とくに南部の貧乏な白人をさしていう蔑称。→ホワイト・ニガー

ホワイト・ニガー White nigger

一九世紀の米国ではアイルランド移民に対する蔑称

だったが、今日では「白人の面汚し」のようにみなされる社会的地位の低い、ないしは無教養な白人に対してもちいられる。また、アフロ・アメリカンやカリビアン・アメリカンの間で育まれたヒップホップ系カルチャーの影響を受けた白人青年をさすこともある。また、マイケル・ジャクソンがまさにホワイト・ニガーであるという米国人も多い。↓ホワイト・トラッシュ　↓レッドネック　↓ウィガー

ホンキー Honky / Honkey / Honkie

米国で主に黒人が白人をさしていう攻撃的な蔑称。複数の語源説がある。

ミック Mick

アイルランドに多い男性名マイケルの愛称だが、英米、オーストラリアなどではアイルランド（系）人に対する蔑称となることもある。ミッキーも同様。

ムント Munt

南アフリカ、ジンバブエ、ザンビアなどで、白人が黒人をさしていう蔑称。バントゥー諸語で「人」を意味する語に由来する。なお、米国ではそれとは無関係に、「酔って吐く」という意味で使われたり、man + cunt の連想から、同性愛者男性やその肛門を意味する俗称となっている。

ヤンキー Yankee

日本語のヤンキーはいわゆる不良に対する俗称だが、世界的には白人の米国人を意味する。米国内では、南部の住民が、北東部すなわちニューイングランドの住民をさしていう俗語で、時に敵意がこめられることがある。植民地時代、ニューアムステルダム（現ニューヨーク）のオランダ人がイングランド人に対してもちいた俗称に由来するという説と、逆にイングランド人がオランダ人をさしていった俗称に由来するという説があるが、語源は不明である。

ヤンク Yank

ヤンキーの略称で白人の米国人をさすが、より侮蔑的意味合いが強い。↓ヤンキー

ライミー Limey

米国人やカナダ人が英国人に対してもちいる蔑称。オーストラリア、ニュージーランド、南アフリカでは英国からの移民を意味する。かつて英国の水兵や水夫が壊血病予防のため航海中にライム・ジュースを飲んでいたことに由来するとされる。

ラウンドアイ Roundeye

「丸い目」の意味で、英語を話すアジア人が白人をさしていう俗語。白人に対して批判的な物言いをす

る時に使われることが多い。

ラグヘッド Raghead

アラブ人に対する蔑称。ラグは「ぼろきれ」の意味で、アラブ人男性がカフィーヤというヘッド・スカーフを使用することによる。タオルヘッドともいう。アラブ系以外のムスリムや、ターバンを着用するインドのシーク教徒をさすこともある。

ラスキ／ルスキ Russki / Russkie

ロシア人を意味する俗語で差別的に使われることもある。正しくは "Russian" だが、ロシア人を意味するロシア語 русский が「ルースキー」のように発音されるため、それをラテン文字で綴ったこれらの語も知られるようになった。日本語の「露助」も同様で、もとは差別語ではなかったが、日露戦争以降、蔑称として定着したため、現在ではタブー語となっている。

レース・カーテン Lace curtain

米国で、労働者階級から中産階級を目指したアイルランドやイタリアからの移民とその子孫をさしていう、かなり攻撃的な蔑称。貧民がレースのカーテンなどで見栄を張って、というようなニュアンスらしい。

レッドスキン Redskin

ネイティヴ・アメリカンに対する蔑称。ワシントン・レッドスキンズというプロのアメリカンフットボール・チームがあり、先住民の権利団体からチーム名の変更を申し入れられている。

レッドネック Redneck

米国南部の田舎者、無学で貧乏な白人労働者をさしていう蔑称。日焼けして「首が赤い」ことに由来。粗野で大酒飲み、人種・女性差別的で偏狭な農場労働者というのがステレオタイプ。↓ホワイト・ニガー

主な参考文献

マーティン・ガードナー著　坪井忠二、藤井昭彦、小島弘訳『新版　自然界における左と右』紀伊國屋書店　一九九二年
君塚直隆『ヴィクトリア女王─大英帝国の〝戦う女王〟』中公新書　二〇〇七年
香原志勢『顔と表情の人間学』平凡社　一九九五年
香原志勢『顔の本』講談社　一九八五年
デズモンド・モリス著　東山安子訳『新装版　ボディートーク─世界の身ぶり辞典』三省堂　二〇一六年
神澤秀明「縄文人の核ゲノムから歴史を読み解く」季刊『生命誌ジャーナル』87号　JT生命誌研究館　二〇一五年
藤村久和『アイヌ、神々と生きる人々』福武書店　一九八五年
更科源蔵『アイヌの民俗（上）』（更科源蔵アイヌ関係著作集4）みやま書房　一九八二年
穂積陳重著　穂積重行校訂『忌み名の研究』講談社学術文庫　一九九二年
吉岡郁夫『いれずみ（文身）の人類学』雄山閣出版　一九九六年
河野与一訳『プルターク英雄伝（四）』岩波文庫　一九五三年
カエサル著　石垣憲一訳『ガリア戦記』平凡社ライブラリー　二〇〇九年
アラン・ブレイ著　田口孝夫、山本雅男訳『新版　同性愛の社会史─イギリス・ルネサンス』彩流社　二〇一三年

ポール・ラッセル著　米塚真治訳『ゲイ文化の主役たち―ソクラテスからシニョリレまで』青土社　一九九七年
赤松啓介『夜這いの民俗学』明石書店　一九九四年
バーン・ブーロー、ボニー・ブーロー著　香川檀、家本清美、岩倉桂子訳『売春の社会史―古代オリエントから現代まで』筑摩書房　一九九一年
鈴木正崇『女人禁制』吉川弘文館　二〇〇二年
田口亜紗『生理休暇の誕生』青弓社　二〇〇三年
山内昶『タブーの謎を解く―食と性の文化学』ちくま新書　一九九六年
松村みち子『女人禁制にサヨナラを―今どきのしごと事情』行研　二〇〇三年
内館牧子『女はなぜ土俵にあがれないのか』幻冬舎新書　二〇〇六年
ポール・ジョンソン著　石田友雄監修　阿川尚之、池田潤、山田恵子訳『ユダヤ人の歴史（上・下）』徳間書店　一九九九年
『聖書　新共同訳』日本聖書協会　一九八七年
日本イスラム協会ほか監修『イスラム事典』平凡社　一九八二年
日本イスラム協会ほか監修『新イスラム事典』平凡社　二〇〇二年
井筒俊彦訳『コーラン（上・中・下）』岩波文庫　一九五七、一九五八年
牧野信也訳『ハディース　イスラーム伝承集成』中央公論新社　二〇〇一年
森本達雄『ヒンドゥー教―インドの聖と俗』中公新書　二〇〇三年

山下博司、岡光信子『新版 インドを知る事典』東京堂出版 二〇一六年
アーネスト・S・バーチJr著 スチュアート ヘンリ訳『図説 エスキモーの民族誌—極北に生きる人びとの歴史・生活・文化』原書房 一九九一年
中野定雄、中野里美、中野美代訳『プリニウスの博物誌 縮刷版』雄山閣出版 二〇一二年
H・N・ウェザーレッド著 中野里美訳『古代へのいざない—プリニウスの博物誌』雄山閣出版 一九九〇年
J・G・フレーザー著 M・ダグラス監修 S・マコーマック編 吉岡晶子訳『図説 金枝篇(上・下)』講談社学術文庫 二〇一一年
「特集 世界の神話をどう読むか」『ユリイカ』第二九巻第二号 青土社 一九九七年
マルタン・モネスティエ著 大塚宏子訳『図説 食人全書』原書房 二〇〇一年
辺見庸『もの食う人びと』共同通信社 一九九四年
上原善広『被差別の食卓』新潮新書 二〇〇五年
南直人編『宗教と食』(食の文化フォーラム32) ドメス出版 二〇一四年
ダニエル・T・マックス著 柴田裕之訳『眠れない一族—食人の痕跡と殺人タンパクの謎』紀伊國屋書店 二〇〇七年
ジェームズ・クック著 増田義郎訳『クック 太平洋探検(五)』岩波文庫 二〇〇五年
E. A. Wallis Budge, *Amulets and Superstitions*, Oxford University Press, 1930
Roger E. Axtell ed., *Do's and Taboos Around The World*, 3rd edition, Wiley, 1993

Roger E. Axtell, *Gestures: The Do's and Taboos of Body Language Around the World*, Revised and Expanded edition, Wiley, 1997

Norine Dresser, *Multicultural Manners: Essential Rules of Etiquette for the 21st Century*, Revised edition, Wiley, 2005

阿門 禮（あもん れい）

文化史ジャーナリスト。早稲田大学文学部卒業。中東、地中海地域の文化に関する比較研究、とくに一神教の信仰のもとでの、古代からの民間信仰、民間伝承の継承、呪術的な護符、しぐさによる意思の伝達など、考古文化人類学的な視点から取材を重ねている。『はばかりながら「トイレと文化」考』（スチュアートヘンリ著・文春文庫）、「グラフィティ・歴史謎事典」シリーズ（光文社文庫）などの編集・取材にかかわる。

世《せ》界《かい》のタブー

二〇一七年一〇月二二日 第一刷発行

集英社新書〇九〇二B

著者……阿《あ》門《もん》 禮《れい》

発行者……茨木政彦

発行所……株式会社集英社

東京都千代田区一ツ橋二-五-一〇 郵便番号一〇一-八〇五〇

電話 〇三-三二三〇-六三九一（編集部）

〇三-三二三〇-六〇八〇（読者係）

〇三-三二三〇-六三九三（販売部）書店専用

装幀……原 研哉

印刷所……大日本印刷株式会社 凸版印刷株式会社

製本所……加藤製本株式会社

定価はカバーに表示してあります。

ISBN 978-4-08-721002-6 C0236

Printed in Japan

a pilot of wisdom